Theodor Euripides

Helena in Ägypten

ein Trauerspiel des Euripides, aus dem Griechischen

Theodor Euripides

Helena in Ägypten
ein Trauerspiel des Euripides, aus dem Griechischen

ISBN/EAN: 9783744618731

Hergestellt in Europa, USA, Kanada, Australien, Japan

Cover: Foto ©ninafisch / pixelio.de

Weitere Bücher finden Sie auf **www.hansebooks.com**

HELENA IN AEGYPTEN: EIN TRAUERSPIEL DES EURIPIDES, AUS DEM...

Euripides

Helena in Aegypten

ein

Trauerspiel

des

Euripides.

Aus dem Griechischen.

Zürich, bey J. C. Füeßli.
1780.

Dem

Vater Bodmer

dem

Ueberſetzer Homers und Apollonius

wiedmet dies

der

Ueberſetzer.

Helena in Aegypten.

Personen des Trauerspiels:

Helena.

Teucer.

Chor gefangener Griechinnen.

Menelaus.

Eine alte Frau.

Ein Botte.

Theonoe.

Theoklymen.

Die Zwillingsbrüder Castor und Pollux.

Die Scene ist auf der Insel Pharos in Aegypten.

Helena.

Erster Aufzug.

Erster Auftritt.

Helena.

Dies ist der Nilstrom, der Aufenthalt der schönen Nereiden; dessen Gewässer, wann der blendende Schnee zerschmilzt, anstatt des himmlischen Thaues die Felder Aegyptens befeuchten. — Proteus war, da er noch lebte, der Beherrscher dieses Landes. Er wohnte in der Insel Pharos und war König von Aegypten. Psamathe, eine der Meergöttinnen, ward seine Gemahlin, nachdem sie das Ehebette des Aeolus verlassen. Sie gebar ihm in diesem Pallaste zwey Kinder; den Theoklymen; so genannt, weil er in seinem ganzen Leben die Götter verehrte, und ein schöngebildetes Mädgen, die Wohllust ihrer Mutter, als sie noch ein kleines Kind war; da sie aber zu den mannbaren Jahren heran gewachsen, hieß man sie Theonon, weil sie eine göttliche Wissenschaft von allem gegenwärtigen und zukünftigen besaß,

beſaß, eine Gabe, womit ſie Nereus ihr Großvater beehret hatte.

Was mich betrift, ſo iſt Sparta, kein unberühmtes Land, mein Vaterland, und Tindareus mein Vater, Jupiter ſelbſt, ſo erzählt' es das Gerüchte, flog in der Geſtalt eines Schwans in den Schooß der Leda, meiner Mutter, er ſtellte ſich als wenn er von einem Adler verfolgt zu ihr ſeine Zuflucht nähme, und ſo befriebigte er hinterliſtiger Weiſe ſeine Luſt, wann anders die Erzählung wahr iſt. Man nannte mich Helena. Itzt will ich die Widerwärtigkeiten erzählen, die mir begegnet ſind. — Drey Göttinnen kamen ihrer Schönheit wegen zu Alexander bey Ida's Höle: Juno, Venus und die Tochter Jupiters Pallas wollten den Streit über die Vorzüge ihrer Geſtalt von ihm entſcheiden laſſen. Venus ſpiegelte dem Alexander meine Schönheit vor, und wie oft war Schönheit die Quelle des Unglücks! — Verſprach mich ihm zur Gemahlin und ſiegte. Paris verließ die Ställe des Ida und kam nach Sparta, in der Hoffnung mich zu Bette zu führen. Allein Juno, die nicht zufrieden war, daß ſie die Göttinnen nicht beſiegt

siegt hatte, vernichtigte meine Heyrath mit Alexandern und gab nicht mich, sondern ein mir ähnliches aus Aether gebildetes, belebtes Phantom, dem Sohne des Königs Priamus; und so glaubte er mich zu besitzen durch eiteln Wahn verführt; da er mich doch nicht hatte. — Zu diesem verhängten die Rathschlüsse Jupiters noch andre Unglücksfälle. Er sandte den Krieg in das Land der Griechen und zu den unglücklichen Phrygiern, damit er die Mutter Erde von der Menge unzählbarer Menschen entlastete und den besten Sohn Griechenlands bekannt machte. Mein Namen nicht ich war der Preis, um den die Griechen fochten. — Mich aber trug Merkur durch die Striche des Aethers in eine Wolke gehüllt, denn Jupiter sorgte für mich, und setzte mich in den Pallast des Proteus, nach seinem Urtheil, des Keuschesten unter den Sterblichen, damit ich das Ehebett des Menelaus unbefleckt bewahren mögte. Nun bin ich hier. Allein mein unglücklicher Ehgemahl hat ein Kriegsheer versammelt, und forschet meinen Raub aus; schon ist er zu den Thürmen Iliums verreist, und viele Krieger sind an den fliessenden Wassern des Skamanders

gefal-

gefallen. Ich, die dieses alles ausgestanden, werde von den Griechen verflucht, weil ich nach ihrer Meynung durch die Verrätherey gegen meinen Gemahl ein so grosses Kriegsfeuer angezündet habe. Was mag ich länger leben? Doch habe ich von dem Gott Merkur den Ausspruch vernommen, ich werde in den berühmten Feldern Spartas bey meinem Ehgemahl wohnen, wann er berichtet seyn werde, daß ich niemals nach Ilium gekommen; eben deßwegen damit niemand meine Person in seine Gewalt bekäme. So lange nun Proteus das Licht der Sonne sahe, war ich vor jedem Heurathsantrag sicher; nun da ihn die Dunkelheit der Erde deckt, fängt der Sohn des Verstorbenen an um mich zu werben. Aus Ehrfurcht für das Andenken meines ehmaligen Gemahls, werfe ich mich hier fußfällig auf das Grabmahl des Proteus hin, ihn zu bitten, daß er mein Ehbett unverletzt meinem Gemahl aufbewahre; damit wenn schon mein Name bey den Griechen in einem schlimmen Ruf stehet, mein Körper doch von jeder Beschimpfung frey bleibe.

Zwey=

Zweyter Auftritt.
Teucer. Helena.
Teucer.

Wer mag wol Herr von diesem festen Pallast seyn! Würdig ist er der Sitz des Reichthums zu seyn; königliche Hallen sind rings umher und prächtige Zinnen schmücken diese Wohnung. Doch, ihr Götter, wen habe ich hier erblickt! ich sehe da die Gestalt der verhaßtesten Frauensperson. Die tödtliche Schönheit, die mich, die alle Griechen zu Grunde richtete. So ähnlich bist du der Helena, die Götter müssen dich deßwegen verabscheuen! wäre ich nicht in einem fremden Land, dieser Stein müßte dich nicht fehlen, umbringen müßte er dich: sterben sollte mir da das Ebenbild der Tochter Jupiters!

Helena.

Wer du auch seyst, Elender, warum verabscheuest du mich so sehr? warum fällt um ihres Unglücks willen dein Haß auf mich?

Teucer.

Ich habe mich geirret. Der Zorn hat sich meiner mehr bemächtiget als recht war. Denn ganz Griechenland haſſet die Tochter Jupiters! Verzeihe mir, Frau, was ich da geſagt habe!

Helena.

Wer biſt du aber? Woher kömmſt du in dieſes Land?

Teucer.

Ich bin einer von den unglücklichen Griechen, o Frau!

Helena.

So iſt es ſich nicht zu verwundern, wenn du Helenen haſſeſt. Doch wer biſt du; Woher? Wem gehörſt du zu? Dies ſollſt du mir frey heraußſagen.

Teucer.

Mein Name iſt Teucer. Der Vater, der mich gezeugt hat, iſt Telamon. Salamis iſt mein Vaterland, das mich ernährt hat.

Helena.

Weſwegen verweilſt du jtzt hier in den Feldern am Nilus?

Teucer.

Verbannet irre ich auſſer meinem Vaterland herum.

He-

Helena.

So bist du gewiß zu bedauren. Wer hat dich aber aus dem Vaterland verbannet?

Teucer.

Der mich gezeuget hat, Telamon. Wo sollte man mehr Liebe erwarten?

Helena.

Was war die Ursache? Es ist in der That eine sehr traurige Geschichte.

Teucer.

Ajax, mein Bruder, war mein Verderben, als er vor Troja starb.

Helena.

Wie das? Verlor er durch dein Schwert das Leben?

Teucer.

Nein. Er sprang sich selbst in sein eignes Schwert.

Helena.

War er unsinnig? Wem könnte dieses bey gesunder Vernunft begegnen?

Teucer.

Kennest du einen gewissen Achilles, den Sohn des Peleus?

He-

Helena.

Ich hörte von ihm, er bewarb sich einst um Helenen.

Teucer.

Dieser Achilles erregte bey seinen Mitkriegern nach seinem Tod einen Streit über seine Waffen.

Helena.

Allein warum war dieses dem Ajar nachtheilig?

Teucer.

Ein andrer bekam die Waffen, und so verkürzte er seine Tage.

Helena.

Du wardst also in sein Unglück mit einverwickelt?

Teucer.

Ja, weil ich nicht mit ihm zugleich umkam.

Helena.

Warest du, Frembling, auch vor der berühmten Stadt Ilium?

Teucer.

Ja, ich half sie zerstören; und fand meinen eigenen Untergang daselbst.

Helena.

Ist sie dann schon verbrannt und gieng sie im Feuer zu Grunde?

Teu

Teucer.

Ja. Es ist nur keine Spur von ihren Mauren mehr zu sehen.

Helena.

O unglückliche Helena! Deinetwegen gehen die Phrygier zu Grunde!

Teucer.

Und die Griechen zugleich. Denn grosse Unglücksfälle haben sich zugetragen.

Helena.

— Wie lange ist es seit der Zerstörung der Stadt?

Teucer.

Fast sieben cirkelnde fruchtbare Jahre.

Helena.

Wie lange Zeit seyd ihr vorher vor Troja gestanden?

Teucer.

Viele Monden, so daß zehn Jahre darüber verflossen.

Helena.

Habet ihr die Spartanerin gefangen genommen?

Teucer.

Ja. Menelaus zog sie bey den Haaren zurück und führte sie weg.

Helena.

Sahest du die Unglückliche selbst, oder erzählst du nur was du gehört hast?

Teucer.

Ich sahe es mit meinen Augen, so gut als ich dich hier sehe.

Helena.

Sehet wol zu, daß euch die Götter nicht durch einen eiteln Wahn verführen!

Teucer.

Wir wollen dies fahren lassen und von etwas anderm reden.

Helena.

So glaubet ihr denn für gewiß, die Sachen verhalten sich also?

Teucer.

Meine Augen sahen es, und ich wußte es gar wohl, daß ich es sahe.

Helena.

Ist nun Menelaus mit seiner Gemahlin daheim?

Teucer.

Er ist weder zu Argos, noch an des Eurotas Gestade.

He-

Helena.

Ach! Ach! du weissest nicht wie sehr du die damit betrübest, der du diese unglückliche Geschichte erzählest. (Bey Seite.)

Teucer.

Man sagt, Menelaus und seine Gemahlin werden vermißt.

Helena.

Sind die Griechen denn nicht mit einander zurück geschiffet?

Teucer.

Freylich. Aber ein Sturm hat die einen da, die andern dorthin verschlagen.

Helena.

Wo hat er sie auf dem Meere überfallen?

Teucer.

Als sie mitten über das Aegeische Meer fuhren.

Helena.

Und weiß niemand, wo Menelaus hingekommen?

Teucer.

Niemand. Man sagt aber in Griechenland, er sey gestorben.

He-

Helena.

Ich Unglückliche! — Lebt des Testius Tochter auch noch?

Teucer.

Du meinest die Leda. Sie ist hin. Sie ist gestorben.

Helena.

Hat sie etwann der üble Ruf Helenens in das Grab gebracht?

Teucer.

Das Gerüchte sagt, sie habe ihren durchlauchten Hals mit einem Strick umwunden.

Helena.

Leben des Tindarus Söhne auch noch oder sind sie dahin?

Teucer.

Sie sind gestorben und auch nicht gestorben. Das Gerüchte sagt zweyerley von ihnen.

Helena.

Welches ist die bessere Nachricht? — Wie viel leide ich Unglückliche bey alle diesem Elend!

Teucer.

Man sagt, sie seyn zu Gestirnen erhoben Götter geworden. He-

Helena.

Eine mir sehr erwünschte Nachricht! doch welches ist die andre?

Teucer.

In ihre Schwerter gestürzt um ihrer Schwester willen hauchten sie ihr Leben aus. Genug hiervon; ich will meinen Schmerz nicht verdoppeln. Ich bitte dich nur mir in dem Geschäfte, deßwegen ich zu diesem königlichen Pallast gekommen, freundschaftliche Hülfe zu leisten; ich wünschte Theonon zu sehen, die Orakel spricht: damit, wann ich nun ihren göttlichen Ausspruch vernommen, ich den Flügel meines Schifs von günstigen Winden begleitet nach Cyprus richte, das meerumflossne Land, wo ich, so weissagte es Apollo, wohnen, eine Stadt, ein zweytes Salamis, nach meiner Vaterstadt genannt, gründen werde.

Helena.

Die Schiffahrt selbst, o Fremder, wird dir dieses schon anzeigen. Du aber verlaß dieses Land, fliehe, ehe dich der Sohn des Proteus siehet, der dieses Land beherrscht. Jtzt ist er nicht zugegen. Mit Hülfe seiner Hunde stellt er er dem Gewilde nach dem Leben. Sonst läßt er jeden griechischen Fremdling, den er in seine Gewalt bekömmt, umbringen. Bekümmere dich nicht darum, die Ursache zu wissen: und ich schweige davon; was wurde ich dir damit helfen können?

Teucer.

Vortreflich ist dein Rath, o Frau. Die Götter vergelten dir deine Wohlthaten! So ähnlich Helenen du in der Bildung bist, so unähnlich, so ganz verschieden von ihr ist dein Gemüth. Jämmerlich gehe jene zu Grunde! sie komme niemals an das Gestade des Eurotas! du aber sey immer glücklich! (Er gehet ab.)

Dritter Auftritt.

Helena und der Chor.

Helena.

Wie mannigfaltig und groß ist der Jammer, in den ich mit einmahl gestürzt werde: Wie groß muß meine Trauer nicht seyn? Wie will ich in Klagen wetteifern? Welchen Gesang soll ich anstimmen? Soll ich Thränen ver-

vergießen? Soll ich wehklagen? Soll ich Trauerlieder anheben? Ach! Ach!

Beflügelte Mädchen, jungfräuliche Töchter der Erde, mögtet ihr Sirenen, euch zu mir gesellen mit der Flöte von Lotus, mit der Schalmey, mein Unglück zu beweinen! immerfließende Thränen, Klagen zu meinen Liedern, traurende Töne, die sich in meine Klagestimmen vermischen, Todtengesang, Todtengesang, mir ein liebliches Geschenk, sende mir Proserpina, damit zum nächtlichen Pallast mit meinen Thränen mein Hymnus herabsteige.

Der Chor.

Als ich an dem bläulichten Wasser war, und in dem gekrümmten Grase und in den Schilfröhren umher an dem güldenen Glanz der Sonne meinen rothgefärbten Schleyer wärmte, ließ sich von daher eine wehklagende Stimme hören, ein unharmonisches, trauervolles Getön schallte in mein Ohr; wehmuthsvolle Seufzer stiegen von der beklemmten Brust, wie wann der Najaden eine die Flucht des Mannes betrauert, der von ihr

über

über die Berge weg gelaufen; wie sie da unter den steinernen Höhlen des Pans ihr Ehebündnis beweinet.

Helena.

O weh! O weh. Es kam, o ihr griechischen Mädgen, Beute der barbarischen Schiffe, es kam der griechischen Schiffer einer, und brachte mir Thränen über Thränen, wie Ilium durch mich Menschenmörderin, durch meinen unglücklichen Namen zu Grunde gegangen, von Idäischem Feuer verzerret. Das Leben mit dem Strick zu enden, dazu brachte die Leda der Schmerz über meine schändliche Aufführung. — Mein Ehgemahl, der so lange auf dem Meer herum irrte, ist verloren, ist dahin! — Die Zierde des Vaterlands, das Zwillingpaar Kastor und sein Bruder sind den Blicken der Menschen entzogen, sind hin; sie haben ihre jugendliche Beschäftigung, die Pferde betrettenen Gefilde, die Rennbahnen am schilfreichen Eurotas verlassen.

Der Chor.

Ach! Ach! Welch thränenwehrtes Schicksal ward dir, o Frau, zu Theil! Unselige Tage waren über dich verhängt, als der hohe Jupiter auf dem schneeweissen
Flü-

Flügel des Schwans durch den Aether herab führ und dich bey deiner Mutter zeugete. Was ist für ein Uebel, das dich nicht getroffen? Welchen Jammer hat das menschliche Leben, den du nicht erduldet? Die Mutter ist dahin! Jupiters geliebte Zwillingssöhne sind nicht glücklich. Der Anblick des väterlichen Landes ist dir versagt. Durch die Städte verbreitet sich ein Gerücht, das dich, verehrenswürdige, das Ehebett mit einem Barbaren theilen läßt. Dein Gemahl hat auf dem Meere, in den Wellen sein Leben verloren; niemals wirst du mehr die väterliche Wohnung, den von Erz glänzenden Pallast mit deiner Gegenwart beglücken.

Helena.

Ach wehe! Wer von den Phrygiern, wer von Griechenlands Söhnen hat die Troja so unglückliche Fichte gehauen, wovon der Priamide das verwünschte Schiff verfertigte, das er mit Barbaren bemannte und damit zu meiner Wohnung hinfuhr, mich wegen meiner unglücklichen Schönheit zu seiner Gemahlin zu rauben. Die Verschlagene, die Menschenmörderin, Venus verhängte damit über die Griechen und zugleich über die

Priamiden Tod. Wie beugt mich dieses Elend nieder! Die auf den guldnen Thronen sitzt, Juno, Jupiters hohe Geliebte aber sandte den schnellfüßigten Sohn der Maja, daß er mich durch die Luft wegführte, als ich auf den Fluten frische Rosen in den Schleyer pflückte, damit ich so zu der im ehernen Tempel verehrten Minerva hinkäme: so gelangte ich in dieses unselige Land, und so entstand der Zwist, der verheerende Zwist zwischen Griechenland und den Priamiden. Nichts als mein Name, ein leeres Gerüchte von mir irrt an den Ufern des Simois herum.

Der Chor.

Ich weiß es, du hast ein trauriges Loos. Doch ist es dir nützlich, die unvermeidlichen Uebel des Lebens so leicht auf dich zu nehmen als es dir immer möglich ist.

Helena.

In welches Schicksal bin ich, werthe Freundinnen, verwickelt! War nicht meine Geburt schon für die Sterblichen ein Wunder? Welche Griechin, welche fremde Frauensperson ist jemal mit Jungen in einem weissen Ge-

häuhause niedergekommen, wie dem Gerüchte zu Folge mich Leda von Jupiter befruchtet gebar? Nein mein ganzes Leben, und meine Schicksale sind nicht weniger ein Wunder; sie, die theils Juno, theils meine Schönheit mir zugezogen. Mögtest du gleich einem Gemälde ausgelöscht werden und ich anstatt deiner eine häßliche Gestalt bekommen. Der unwürdigen Schicksale meines Lebens, der schlimmern Tage erinnern sich die Griechen wol, aber die würdigen Umstände, in denen ich mich itzt befinde, vergessen sie. Der Unglückliche, dem die Götter nur eine Plage zu senden, so schwer sie ihm ist, muß sie doch erträglich finden, wenn er mich von mannigfaltigem Jammer umringet sieht. Denn erstlich werd ich verlästert, da ich doch frey von Verbrechen bin. Angedichtete Verbrechen sind grössere Uebel als wahre. Ueberdas haben mich die Götter aus meinem väterlichen Lande in barbarische Gegenden vertrieben, wo ich aller Freunde beraubt, ich freygeborne eine Sklavin bin. Denn bey den Barbaren ist jedermann Sklave nur Einer nicht. Der einzige Anker meines Glücks war dies nach; daß mein Gemahl kommen und mich aus diesem Elend befreyen mögte.

B 2 Und

Und dieser ist gestorben! er ist dahin! meine Mutter kam auch um, und ich bin ihre Mörderin, zwar ohne meine Schuld und doch muß ich sie tragen diese Schuld. Sie, die die Zierde meines Hauses war, meine Tochter, verlebt ohne Gemahl einsam ihr Leben dahin. Jupiters Söhne, die Dioskuren, sind auch nicht mehr. Allenthalben erblicke ich nur Unglück: in Absicht auf meine widrigen Schicksale bin ich so viel als todt und doch lebe ich noch. Das ist noch das letzte von allen Uebeln. Sollte ich auch noch in mein Vaterland zurückkommen, so würde ich unfehlbar in ein Gefängniß eingesperrt werden. Die Griechen würden glauben, ich sey die Helena, die mit dem Menelaus gekommen. Lebte nur mein Gemahl noch, so würden wir einander bald an den uns bekannten Merkmalen erkennen. Allein dies hat itzt nicht statt; und lebend wird er nicht mehr zurück kommen; was lebe ich noch lange? welchem Schicksal werde ich noch aufbehalten? Soll ich zu einer Abwechselung meines Unglücks eine Heyrath erwählen? Mit einem Barbaren leben, mit ihm an einer reichen Tafel sitzen? Allein eine Frau, die bey einem verhaßten Gemahl wohnet, der sein Haus

verhaßt ist, kann nichts besser wählen als zu sterben. Wie soll ich aber auf eine anständige Art sterben? An dem hohen Stricke sein Leben zu enden ist schändlich; man verabscheuet es sogar an Sklaven; vom Dolch zu sterben scheint edler und schöner zu seyn. Doch liegt zuletzt wenig daran, wie man aus diesem Leben weg komme; da ich nun einmal in ein so tiefes Elend versunken bin; und die Schönheit selbst, die für andre Frauen ihr Glück ist, die Ursache meines Untergangs war.

Der Chor.

Du solltest nicht, Helena, so leicht hin glauben, daß dieser Fremdling, der hier ankam, dir in allem die Wahrheit gesagt habe.

Helena.

Doch hat er klar herausgesagt, mein Gemahl sey umgekommen.

Der Chor.

Allein es ist doch vieles falsch von dem, was man sagt.

Helena.

Was aber wahr ist, dem sieht mans augenscheinlich an.

Der Chor.

Du bist immer geneigtet Böses als Gutes zu glauben.

Helena.

Furcht, die mich aller Orte umgiebt, läßt mich dies allezeit eher besorgen.

Der Chor.

Wie begegnet man dir in diesem Pallast? erzeigt man dir Wolwollen?

Helena.

Jedermann will mir wohl, nur der nicht, der nach einer Heyrath mit mir strebt.

Der Chor.

Weissest du nun was du thun sollst? verlaß dieses Grabmahl!

Helena.

Was willst du mir damit sagen! was anrathen?

Der Chor.

Gehe in den Pallast: Frage die Tochter der Nereide, die alles weiß, frage Theonoe, ob dein Gemahl noch lebe, oder ob er des Tageslicht verlassen. Weissest du denn einmahl dein Schicksal gewiß, so kannst du dich der

der Freude oder dem Schmerz überlassen. Was hilft dir dein Trauern, so lange du nichts eigentliches weissest. Darum folge du meinem Rath. Verlaß dieses Grab. Gehe hin zu Theonoe. Hier in diesem Hause kannst du von allem wahre Nachricht vernehmen. Was siehest du lang in die Ferne hin? Ich will selbst mit dir in das Haus hineingehen und mit dir die Orakelsprüche der Theonoe vernehmen. Frauen sollen an den Mühseligkeiten, die andre von ihrem Geschlechte treffen, Antheil nehmen.

Helena.

Nun wolan, werthe Freundinnen, ich nehme euern Rath an; kommet, kommet in den Pallast hinein und höret da mit mir meinen Jammer an.

Der Chor.

Willig folgen wir deiner Einladung.

Helena.

O unglücklicher Tag! Welchen traurigen Ausspruch werde ich unglückliche anhören müssen!

Der Chor.

Warum magst du doch, Wertheste, dir lauter Unglück weissagen und immer vorher schon trauern?

Helena.
Was ist wol das Schicksal meines unglücklichen Gemahls? Siehet er noch des Tageslicht, der Sonne vierspännigen Wagen, den Lauf der Sterne, oder trug ihn sein Geschicke zu den Todten unter die Erde?

Der Chor.
Erwarte immer von der Zukunft einen glücklichern Ausgang.

Helena.
Dich habe ich angeruffen, dich wasserreicher, schilftragender Eurotas beschworen, mir zu sagen, ob das Gerüchte wahr sey, daß mein Gemahl todt sey. Ist dieses, wer wird es noch ungereimt finden, wenn ich unseliges Opfer der drey streitenden Göttinnen, als der Priamide einst bey den Hürden mit der Flöte meine Schönheit erhoben, wenn ich an dem Hals aufgeknüpft, ausgestreckt und todt in der Höhe hange, oder mit eigener Hand das tödtliche Eisen in meine Gurgel stoßend eines blutigen Todes sterbe.

Der Chor.
Andre müsse dieses Unglück treffen! Du lebe glücklich!

Helena.
O unseliges Troja! Nichtgeschehene Begebenheiten

ten haben dich zu Grunde gerichtet, in Jammer gestürzt. Um meiner Schönheit Gaben willen, hat Venus viel Blut vergossen, viel Thränen vergiessen gemacht. Trauer über Trauer, Thränen über Thränen, völlige Niederlage wurde Troja zu Theil. Mütter verloren ihre Kinder, Jungfrauen legten ihre abgeschnittenen Haarlocken an dem Phrygien bewässernden Skamander, auf die Gräber ihrer todten Brüder. Hellas * erhob ein trauriges Klagegeschrey und heulte; sie legte ihre Händ auf das Haupt, und entstellte ihre zarten Wangen mit blutenden Wunden. Glücklich warst du ehmals, arkadisches Mädgen, Callisto, das in vierschsiger Bildung das Bette Jupiters bestieg: wie weit glücklicher war dein Loos als meiner Mutter, als du in Thiergestalt, mit zottigten Gliedern, und grimmigem Blick, zur Löwin umgebildet, dem Kummer entgiengest. Glücklich auch des Merops, des Sohns des Titanen, Tochter, welche Diana einst, in eine Hindin mit güldenem Geweihe verwandelt wegen ihrer Schönheit aus ih em Nymphenchor verstieß. Meine Schönheit aber brachte Dardaniens Vestung, brachte den unglücklichen Griechen den Untergang.

* Griechenland.

Zwenter Aufzug.

Erster Auftritt.

Menelaus.

Hätteſt du doch Pelops, der den Oinomaus mit dem vierſpännigen Wagen im Kampfe beſiegte, hätteſt du doch damals bey den Göttern dein Leben verloren, wie du denſelben in Stücker zerſchnitten bey dem Gaſtmahl vorgeſetzt wurdeſt, ehe du meinen Vater den Atreus zeugteſt, welchem Aerope den Agamemnon und mich Menelaus, ein erlauchtes Paar, geboren. Agamemnon führte als König, ich ſage es ohne Prallerey, das gröſte Heer auf den Schiffen vor Troja, ohne die geringſte tyranniſche Eigenmacht herrſchte er über das ganze Heer und Griechenlands junge Mannſchaft gehorchte willig ſeinen Befehlen. Viele von dieſen kann man nicht mehr unter die lebenden zählen, und viele ſind froh, daß ſie

dem

dem Meere entronnen, und die Namen derer, die umgekommen, wieder zurück nach ihrer Heimath bringen können; was mich betrift, so werde ich von den Wellen des blauen Meeres herumgeworfen, seitdem ich Iliums Thürme umgestürzt habe. Ich wünschte nichts so sehr als in mein Vaterland zurück zu kehren, allein die Götter schätzen mich nicht würdig mich meines Wunsches zu gewähren. Bey Libyens Wüsteneyen, ungastfreundlichen fremden Ländern, bey diesen allen schiffte ich vorbey; so oft ich aber meinem Vaterland nahe war, hat mich ein widerwärtiger Wind davon weggestossen. Auch jetzt schwellt noch kein günstiger Wind meinen Segel, mich in mein Vaterland zurück zu bringen. Und nun habe ich Elender Schiffbruch gelitten, meine Freunde verloren, und bin nun in dieses Land ausgeworfen worden, mein Schiff ist mehr als ein Mahl an den Felsen zertrümmert: von dem ganzen Gebäude ist mir nichts übrig geblieben als der Boden, auf welchem ich mich kümmerlich, durch ein ganz unverhoftes Geschick gerettet und mit mir Helenen, die ich von Troja mit Gewalt weggeraubet und mit mir führe. Ich weiß weder den Namen dieser Gegend, noch

wel-

welches Volk dieselbe bewohnet. Aus Forcht man mögte meine zerrissenen Kleider wahrnehmen, scheue ich mich den Leuten nahe zu kommen: voll Schaam wollte ich gern mein Elend verbergen. Denn wenn der Grosse in das Elend stürzt, so fühlt er ungewohnt dazu sein Unglück stärker als der, der lange schon unglücklich ist. Itzt plaget mich der Mangel, ohne Speise, ohne Kleider um meinen Leib, wie man sich leicht vorstellen kann, habe ich nichts, als was aus dem Schiffbruch gerettet worden; die Mäntel, die prächtigen und kostbaren Kleidungen hat das Meer alle weggenommen. Meine Frau, die Ursache aller meiner Widerwärtigkeiten, habe ich in einer Grotte verborgen, und komme nun hieher, nachdem ich meine übriggebliebenen Gefährten ernstlich dazu angehalten, meine Ehgenoßin wol in Obacht zu nehmen. Nun irre ich umher, zu sehen, ob ich für meine Gefährten daselbst irgendswo das Nöthige bekommen könne. Als ich diesen mit Zinnen ringsumher geschmückten Pallast und die prächtigen Pforten erblickte, die mir einen reichen Besitzer verkündigten, kam ich hieher. Nur bey den Häusern der Reichen darf ich eine Beysteuer für mei-

meine Schiffer hoffen, bey denen, die selbst nichts haben, so gern sie auch helfen wollten, kann ich nichts für sie erwarten. Ohe! welcher Thürhüter kömmt heraus um darinnen meine Unglücksfälle zu erzählen?

Zweyter Auftritt.
Ein altes Weib, Menelaus.

Die Alte.

Wer ist hier vor der Thür? willst du nicht von dem Hause weggehen, länger da bey der Thür im Vorhof stehen und der Herrschaft Ungelegenheit verursachen? Wo nicht, so mußt du gewiß sterben, da du ein Grieche bist; keiner von ihnen kommt aus diesem Lande zurück.

Menelaus.

Das ist alles gut, was du hier sagst, Alte. Du bist befugt dazu; ich will dir auch folgen. Allein rede jzt von etwas anderm.

Die Alte.

Gehe jzt weg. Denn das ist mir aufgetragen, fremder, keinen Griechen zu diesem Hanse hinzu nahen zu lassen.

Me-

Menelaus.

Ha! Lege du nicht Hand an mich! Stoß mich nicht mit Gewalt!

Die Alte.

Du bist selbst Schuld daran, du gehorchest mir in nichts von dem, was ich dir sage.

Menelaus.

Verkündige es drinnen deiner Herrschaft.

Die Alte.

Es mögte dir übel bekommen, wann ich deine Reden anzeige.

Menelaus.

Ich komme als ein Schiffbrüchiger, ein Fremdling, eine Person also, die jedermann heilig und unverletzlich ist.

Die Alte.

Gehe anstatt dieses Hauses zu einem andern Hause.

Menelaus.

Nein, ich gehe hier hinein. Du aber willfahre mir.

Die Alte.

Wisse, du bist beschwerlich hier. Man wird dich bald mit Gewalt wegtreiben.

Me-

Menelaus.

Ach! Ach! wo sind doch meine berühmten Kriegsheere?

Die Alte.

Dort magst du freylich Ehrfurcht eingeflößet haben, hier aber gewiß nicht.

Menelaus. (Bey Seite.)

O Glück! wie werde ich auf eine unwürdige Art geschändet.

Die Alte.

Warum netzen Thränen deine Augenlieder? Was rühret dich so sehr?

Menelaus.

Das Andenken an meine vorige Glückseligkeit.

Die Alte.

Geh weg von hier und bring diese Thränen deinen Gefährten?

Menelaus.

Doch sage mir: was ist das für eine Gegend? Wem gehört dieser königliche Pallast?

Die Alte.

Proteus wohnet hier und dies Land ist Aegypten.

Me-

Menelaus.

Dies ist Aegypten! wo bin ich unglücklicher doch hingeschifft?

Die Alte.

Wie! verachtest du das Volk am Nilus?

Menelaus.

Nein. Ich verachte es nicht; ich beseufze nur mein Schicksal.

Die Alte.

Es ist mancher unglücklich; du bist es nicht alleine.

Menelaus.

Ist der König, von dem du gesagt hast, daheim?

Die Alte.

Dies ist sein Grabmahl. Allein sein Sohn beherrscht izt dieses Land.

Menelaus.

Wo ist er? Ist er von Hause, oder ist er in dem Pallast?

Die Alte.

Er ist nicht drinen. Allein allen Griechen ist er todtfeind.

Me-

Menelaus.

Was ist die Ursache davon? daß ich auch darunter leiden muß?

Die Alte.

Helena ist hier in diesem Pallaste, die Tochter Jupiters.

Menelaus.

Wie sagst du? was höre ich da erzählen? Sage mir es noch ein mahl.

Die Alte.

Tindareus Tochter, welche ehmals zu Sparta war.

Menelaus.

Woher kam sie? Was ist dieser Sache eigentliche Beschaffenheit?

Die Alte.

Aus Lakedämons Land kam sie hieher.

Menelaus.

Wann? Ist mir etwann meine Ehegattin aus der Gratte weggeraubet worden? (Bey Seite.)

Die Alte.

Ehe die Griechen, o Fremder, nach Troja giengen. Allein gehe du von diesem Haus weg! Es herrschet

E grau

grausames Geschicke darinne, wodurch das ganze Haus in Verwirrung gesetzt wird. Du kamest zu keiner günstigen Zeit hieher. Bekömmt dich der Herr desselben in seine Gewalt, so wird sein gastfreundschaftliches Geschenk der Tod seyn; gab ich dir gleich aus Furcht vor meinem Herrn rauhe Worte, so bin ich dennoch den Griechen gewogen.

Dritter Auftritt.

Menelaus.

Was soll ich denken? was soll ich sagen? Nachdem was ich hier höre, kommen zu meinen vorigen jammervollen Begebenheiten jetzt noch neue hinzu. Da ich hieher kam, brachte ich meine Frau, die ich Troja wieder entrissen, mit mir, und sie ist in der Grotte in Sicherheit; hier aber in diesem Pallast wohnet eine andre Frau, die mit der meinigen den gleichen Namen führet: sie sagte, sie sey eine Tochter Jupiters. Ist etwann an den Ufern des Nilus ein Mann, der Jupiter heißt. Der in dem Himmel ist nur einer. Wo giebt es wol noch ein anderes Sparta ohne das an

den

den Waſſern des ſchöngeſchilften Eurotas? Der Name Tindareus kömmt auch nur einem zu. Iſt wol irgendwo eine andere Gegend die mit Lakedämon, mit Troja den Namen gemein hat? — ich weiß nicht was ich ſagen ſoll. Wie es ſcheinet kann es in verſchiedenen Gegenden Männer, Städte, Frauen geben, die die gleichen Namen haben, und dann iſt nichts wunderbares mehr hierinn zu finden. Was in der Rede der Thürhüterinn fürchterliches war ſoll mich nicht fliehen machen. Es wird doch hier niemand ſo barbariſch geſinnet ſeyn, daß er mir nicht Speiſe mittheile, wann er meinen Namen hört. Jedermann weiß von Trojens Flammen: Ich, Menelaus, der ſie angezündet hat, bin in jedem Land bekannt. Ich will alſo den Herrn des Hauſes erwarten. Ich kann mir dabey auf eine gedoppelte Art rathen. Iſt er grauſam, ſo gehe ich hin und verberge mich in den Trümmern meines Schiffes: Zeigt er aber eine gelindere Gemüthsart, ſo will ich von ihm bitten, was meine gegenwärtigen dürftigen Umſtände erfodern. Bey allem meinem Elend iſt das das traurigſte, daß ich, ich ſelbſt ein König, von andern Königen den Unterhalt er-

C 2   bett-

betteln muß. Allein die Nothwendigkeit will es also. Es ist nicht mein Gedanke, es ist der Weisen Ausspruch; Nichts ist gewaltiger als die äusserste Noth.

Vierter Auftritt.

Helena, Menelaus, der Chor.

Der Chor.

Nun vernahm ich in dem königlichen Pallast drinnen aus dem Orakelspruch der weissagenden Jungfrau, daß Menelaus noch nicht mit Erde bedeckt durch den schwarzen Orkus gegangen, sondern von den Wellen des Meers herumgeworfen, den Port des väterlichen Lands noch nicht erreichen konnte: unglücklich durch sein herum irrendes Leben, ohne Freunde, und wie er mit seinem Schiffe an manchem Orte gelandet, seitdem er Troja's Gefilde verlassen.

Helena.

Nun will ich wieder meinen Sitz bey dem Grabmahl einnehmen, nachdem ich die werthen Reden der Theonoe, die alles so richtig weiß, angehöret habe; sie sagt; noch am Leben erblicke mein Gemahl der Sonne Licht,

Licht, er schiffe auf unzähligen Meeren herum bald dahin, bald dorthin, nicht ungeübt im herumwandern werde er seyn, wann er einmahl das Ziel seiner Mühseligkeiten erreiche. Eins hat sie mir nicht gesagt, ob er gesund und frisch ankommen werde; erfreut zu hören, daß er noch am Leben ist, vergaß ich sie hierüber zu fragen. „Nicht weit von hier, sagte sie, habe er Schiffbruch gelitten, und befinde sich nebst wenigen Gefährten in der Nähe. — Kämest du nur, Menelaus, wie erwünscht würdest du mir kommen! — Allein, wer ist dieser! Sucht etwann des Proteus gottloser Sohn durch geheime Nachstellungen mich zu fangen? Werde ich nicht wie ein laufendes Füllte oder wie eine Bachantin meinen Fuß zu dem Grabmahl hin setzen? Der, so mir nachjagt, hat ein wildes Aussehn.

Menelaus.

Du eilest zu der fürchterlichen Grube hin; komm, ich lade dich zu heiligen, im Feuer gebackenen Kuchen ein. Bleibe hier. Warum fliehest du? Der Anblick deines Cörpers setzt mich in Verwunderung und Erstaunen.

Helena.

Ich leide Unbill, ihr Frauen; dieser Mann hier hält mich von dem Grabmahl zurück. Er will mich fangen und dem König überliefern, dessen Heyrath ich verabscheue.

Menelaus.

Ich bin kein Räuber, kein Diener der Ungerechtigkeit.

Helena.

Du hast doch ein unstätiges Kleid um den Leib.

Menelaus.

Laß nur alle Furcht fahren, und dein schneller Fuß stehe stille!

Helena.

Ich stehe stille, da ich nun einmahl diesen Ort erreicht habe.

Menelaus.

Wer bist du? Was für einen Anblick gewährest du mir, o Frau?

Helena.

Und wer bist du? Ich stehe gleich dir in eben den zweifelhaften Gedanken.

Me-

Menelaus.   (Bey Seite.)

Niemals sahe ich jemand, der ihr an Bildung ähnlicher wäre. Ihr Götter! Denn Gott läßt uns unsre Freunde wieder erkennen.

Helena.

Ich bin eine Griechin. Ich wollte auch gern deine Herkunft wissen.

Menelaus.

O Frau, ich finde dich Helenen überaus ähnlich.

Helena.

Und ich dich dem Menelaus. Ich weiß nicht was ich sagen soll.

Menelaus.

Ganz richtig. Du siehest in mir den unglücklichsten Mann.

Helena.

O sehr späte kommest du wieder in die Arme deiner Gattin.

Menelaus.

Welcher Gattin? Rühre mein Kleid nicht an.

Helena.

Eben die, die dir Tindareus, mein Vater gab!

Menelaus.

O leuchtende Hekate, sende uns freudige Erscheinungen.

Helena.

Du siehest in mir keine nächtliche Dienerin der Diana.

Menelaus.

Aber doch bin ich gewiß nicht der Ehmann von zwo Frauen.

Helena.

Welcher andern Frau Gemahl bist du denn?

Menelaus.

Derjenigen, die die Grotte verbirgt, die ich aus Phrygien mit mir bringe.

Helena.

Du hast keine andere Frau als mich.

Menelaus.

Bin ich etwann bey gutem Verstand, oder triegt mich mein Auge?

Helena.

Glaubest du denn nicht deine Ehgattin zu sehen, wann du mich siehest?

Menelaus.

Der Leib ist zwar ähnlich, doch habe ich hierinn keine Gewißheit.

He-

Helena.

Betrachte mich, was fehlet dir noch? Wer ist sonst verständiger als du?

Menelaus.

Du bist ihr gleich. Das will ich nicht läugnen.

Helena,

Wer wird dich sonst darüber belehren können als deine Augen?

Menelaus.

Da stehe ich alle Zeit an; ich habe noch eine andre Frau.

Helena.

Ich kam niemals nach Trojens Gefilden, es war nur ein Schattenbild.

Menelaus.

Wer könnte aber Cörper von solchem Aussehen zu Stande bringen.

Helena.

Der Aether, woraus dir die Götter eine Gemahlin gebildet.

Menelaus.

Wer von den Göttern bildete sie? du sagst mir da ganz unerwartete Sachen.

Helena.

Von Juno geschah die Verwechslung, damit Paris mich nicht bekäme.

Menelaus.

Wie? Wareſt du denn hier, und zugleich zu Troja?

Helena.

Mein Leib wol nicht, aber mein Name konnte an vielen Orten ſeyn.

Menelaus.

Laß von mir ab; ich hatte ſo ſchon Jammers genug, als ich hieher kam.

Helena.

Willſt du mich alſo verlaſſen und jene nachgedäffte Helena mit dir wegführen?

Menelaus.

Eben deßwegen, weil du Helenen ähnlich biſt, gehab dich wol!

Helena.

Ich bin verloren. Meinen Gemahl fand ich wieder und doch ſoll ich ihn ſogleich wieder vermiſſen.

Menelaus.

Die Gröſſe meiner Mühſeligkeiten überzeuget mich ſtärker als du.   He-

Helena.

O wehe mir! Wer ist unglücklicher als ich! Die geliebtesten Personen verlassen mich. Niemals werde ich zu den Griechen, in mein Vaterland zurück kehren.

Fünfter Auftritt.

Ein Botte, die Vorigen.

Der Botte.

Von deinen zurück gelassenen Gefährten gesendet, suchte ich dich, Menelaus; und nun treffe ich dich endlich mit vieler Mühe an, nachdem ich in diesem ganzen fremden Lande herum geirret bin.

Menelaus.

Was ist es? Seyd ihr etwa von den Barbaren beraubt worden?

Der Botte.

Ein Wunder, mehr Wunder als keines, das diesen Namen führet!

Menelaus.

Sage nur. Deine Eilfertigkeit läßt uns eine Neuigkeit vermuthen.

Der

Der Bote.

Ich sage also: du hast unzälige Mühseligkeiten vergebens erlitten.

Menelaus.

Mit diesem klagst du nur über alte Uebel. Was verkündigest du aber neues?

Der Bote.

Deine Gemahlin ist in die Lüfte verschwunden; den Blicken der Menschen entrissen verbirgt sie der Himmel, nachdem sie die schauervolle Grotte verlassen, in welcher wir sie aufbewahrten, und dieses noch gesagt hatte;
„ Um meinetwillen seyd ihr, unglückliche Phrygier und
„ ihr Griechen alle, durch die Ränke der Juno getäuscht,
„ an den Ufern des Skamanders umgekommen! Ihr
„ glaubtet, Paris habe die Helena in seiner Gewalt,
„ und doch hatte er sie niemals. Ich, nachdem ich so
„ lange Zeit bey euch geblieben als ich mußte, und mir
„ das Schicksal bestimmte, kehre wieder zu meinem Va-
„ ter, dem Himmel zurück. Vergebens schändete das
„ Gerüchte des Tindareus unglückliche Tochter; sie war
„ an allem unschuldig. „ — (Zu Helena:) Und nun sey

mit

mir gegrüßt Tochter der Leda, du warest also hier: während dem ich kam die Nachricht zu bringen, daß du zu den entfernten Gestirnen weggerückt worden. Ich wußte nicht, daß dein Leib beflügelt wäre; nein, du sollst uns nicht wieder den Vorwurf machen, daß du deinem Gemahl und seinen Kriegeren vergebens nur allzuviel Mühe verursachet habest.

Menelaus.

Das ist genau eben dasselbe. Ihre Reden müssen wahr seyn; sie stimmen völlig mit diesen überein. O erwünschter Tag, der mir das Glück verschaft, dich wieder in meine Arme zu schliessen!

Helena.

O geliebtester der Männer, Menelaus, lange, sehr lange währte es; nun aber ist das Vergnügen mit einmahl da. (Zu dem Chor:) Froh bin ich, ihr Freundinnen, daß ich meinen Gemahl wieder bekommen, ihn, nachdem so manche Sonne vorüber geglänzt, wieder bey der geliebten Hand halte!

Menelaus.

Ich freue mich eben so sehr, dich wieder zu haben.

Bey

Bey der Menge von Sachen, die ich zu sagen habe, weiß ich nicht wo ich anfangen will.

Helena.

Mit hochfliegendem Haupthaar, mit thränenden Augen, umschlinge ich nun mit meinen Händen dich, Werthester, daß ich die ganze Wohllust fühle; O Gemahl! O geliebtester Anblick!

Menelaus.

Ich klage nicht. Ich habe die Tochter Jupiters und der Leda, meine Gemahlin, wieder, vor welcher das Zwillingpaar der auf weissen Pferden reitenden Brüder glückwünschend die Hochzeitfackeln trug; die die Götter aber heimlich aus meinem Hause weggenommen; allein Gott bereitete uns jzt bessere Schicksale als die bisherigen waren; und selbst diese Wiederwärtigkeit hat das Gute, daß es dich und mich, deinen Gemahl, nach so langer Zeit wieder zusammen brachte. Mögte ich nur dieses Glück recht geniessen!

Helena.

Ja du sollst es geniessen! Ich wünsche es mit dir. Wir zwey sind einander so nahe, daß das eine nicht unglücklich seyn kann und das andre nicht. (Zu dem Chor;) Ihr Freundinnen, das vorige preßt mir keinen Seufzer, keine Klage mehr aus. Ich habe meinen Gemahl wieder, den ich erst nach vielen Jahren von Troja zurück erwartete.

Menelaus.

Ja du haft du mich wieder und ich dich. Tausend Sonnen sind vorüber gegangen, ehe ich den Betrug der Göttinn bemerkte. Allein meine itzige Freude giebt meinen Thränen mehr Anmuth als Traurigkeit.

Helena.

Was soll ich sagen? Welcher Sterbliche hätte solches hoffen dürfen? Ganz unerwartet drücke ich dich an meine Brust!

Menelaus.

Und ich dich. Dich, von der man glaubte, sie sey zu der Stadt am Ida, zu Iliums unseligen Thürmen gegangen. Wie kamst du denn, bey den Göttern, wie kamst du aus meinem Hause weg?

Helena.

Ach! Ach! Du geheft zu dem schmerzenvollen Anfang

fang zurück. Ach! du forschest jenem traurigen Gerüchte nach!

Menelaus.

Erzähle es nur! Es lohnt sich wol der Mühe, der Götter Geschenke alle zu vernehmen.

Helena.

Ich verabscheue es hiervon zu reden. Wie soll ich es doch immer erzählen?

Menelaus.

Dieß soll dich nicht abhalten. Es ist immer süsse, von überstandenen Mühseligkeiten sich zu unterhalten.

Helena.

Das fliegende Schiff trug mich nicht in das Ehebette des barbarischen Jünglings, die Liebe zu meiner unglücklichen Heyrath trug mich weg.

Menelaus.

Welcher Gott, welches Schicksal beraubte dich deines Vaterlandes?

Helena.

Jupiters Sohn, mein Gemahl, Jupiters Sohn brachte mich zu dem Nilus.

Me-

Menelaus.

Ein wunderbarer Führer! Welche befremdende Erzählung.

Helena.

Ich weine, Thränen netzen meine Augenlider. Jupiters Gemahlin, Juno suchte meinen Untergang.

Menelaus.

Welches neue Unglück wollte sie über dich verhängen?

Helena.

Jenes Bad, jene Quellen, wo die Göttinnen ihre Reize verschönerten, woher jenes Urtheil entstand, das mein Unglück war.

Menelaus.

Und um dieses Urtheils willen fügte dir Juno diese Uebel zu?

Helena.

Damit sie mich der Venus entreissen mögte.

Menelaus.

Wie das? Sage es mir.

Helena.

Nemlich dem Paris, dem mich Venus versprochen hatte.

Me-

Menelaus.

O Unglückliche!

Helena.

Unglücklich, unglücklich bin ich! So kam ich in Aegypten.

Menelaus.

Hernach gab sie ein Phantom anstatt deiner; wie ich von dir vernahm.

Helena.

Und die Unglücksfälle, die unser Haus treffen. O wehe mir! Meine Mutter!

Menelaus.

Was sagst du?

Helena.

Meine Mutter ist nicht mehr. Um meiner unglücklichen, schmachvollen Hochzeit willen band sie den erwürgenden Strick um den Hals.

Menelaus.

O wehe mir! Ist unsre Tochter Hermione noch am Leben?

Helena.

Ohne Gemahl, ohne Kinder beweinet sie diese unselige Hochzeit, meine Schmach.

Me-

Menelaus.

O, Paris, der mein Haus von Grund auf verwüstet hat, war auch dein Verderben, war vieler tausend mit Erz bewaffneter Griechen Verderben.

Helena.

Mich Unglückliche, mich Verfluchte, verstieß Gott aus meiner Vaterstadt, von dir; als ich mein Haus, meinen Gemahl verließ, nicht um einer schändlichen Hochzeit willen verließ.

Der Chor

Wird euch das Glück in andern Absichten ferner günstig seyn, so kann dieß schon euch das vorige vergüten.

Der Botte.

Laßt mich, Menelaus, laßt mich auch an eurer Freude Theil nehmen! Ich habe etwas davon vernommen, doch weiß ich nicht eigentlich was es betrift.

Menelaus.

Gerne wollen wir dich, alter Mann, an unsrer Unterredung Antheil nehmen lassen.

Der Botte.

War diese nicht die Schiedsrichterin des Kriegs bey Ilium?

Menelaus.

Nein; nicht diese. Die Götter täuschten uns; was wir bey uns hatten war nichts anders als ein verderbliches Wolkenbild.

Der Botte.

Was? Vergebens, um einer Wolke willen haben wir alle Mühseligkeiten erduldet?

Menelaus.

Dieß ist das Werk der Juno, der Streit der drey Göttinnen.

Der Botte.

Diese Frau hier, die es wirklich ist, ist sie deine Gemahlin?

Menelaus.

Ja, sie ist es. Glaube es mir nur auf mein Wort hin.

Der Botte.

Mannigfaltig und unerforschlich ist die Gottheit, o Tochter! Mit leichter Mühe wendet sie den Lauf der Dinge um, plötzlich giebt' sie ihm da oder dort eine gegenseitige Richtung. Der eine leidet, der andere leidet nicht, und doch kommt er elend um; weil seine bishe-

rige

rige Wohlfart keine Vestigkeit hatte. Beyde du und dein
Gemahl litten, du durch falsche Gerüchte, er durch seinen kriegerischen Muth. So lange er mit der grösten
Hitze sein Ziel verfolgte, erzielte er nichts: Nun aber sieht
er seinen Wunsch erfüllt, da sich ihm das glänzendeste
Glück von selbst darbeut. Niemals hast also deinen al-
ten Vater, niemals die Söhne Jupiters beschimpft,
nichts von dem verübt, was das Gerüchte sagte. Nun
erneuere ich mit Freuden das Andenken deiner Hochzeit
wieder, gerne denke ich daran, wie ich auf einem vierspännigen Wagen daher fahrend, die Hochzeitfackeln vor
dir her trug; wie du als Braut auf dem Wagen neben
diesem sitzend, dein glückliches Haus verliessest. Schlimm
ist der Bediente, der an den Schicksalen seines Herrn
nicht Antheil nimmt, sich mit ihnen nicht freut, und
über ihr Unglück nicht trauret. Möge ich immer ein
Knecht seyn, wie meine Geburt mich dazu macht, so
müsse ich doch unter die wenigen edlen Knechte gezählt
werden; spricht man mir den Namen eines freygebor-
nen ab, so verdiene ihn doch meine Denkensart. Dieß
ist doch allezeit besser als in einer Person zwey Uebel ver-

einen,

einen, ein böses Gemüth zu haben und von jedermann sich Knecht nennen zu hören.

Menelaus.

Wolan alter Mann! Du hast unter den Waffen viele Beschwerlichkeiten mit mir getheilt, und nun auch meine Glückseligkeit. Gehe hin zu meinen übrig gebliebenen Gefährten und verkündige ihnen wie du die Sachen hier gefunden, und wie unsre Umstände beschaffen seyen. Sage ihnen, daß sie an dem Ufer bleiben, und sich zu den Kämpfen gefaßt halten, die noch auf uns warten, die wir sogar hoffen, zugleich aber sollen sie sorgfältig ausspähen, wie wir etwann aus diesem Land weg schiffen können. Damit wir so mit gleichem Glücke, wo es möglich ist, unversehrt den Händen dieser Barbaren entrinnen.

Der Botte.

Dieß alles soll geschehen, o König. Allein ich sehe es itzt ein, die ganze Wahrsagerkunst ist nichts werth und lügenhaft. Es war nichts wahres in des Feuers auflodernder Flamme, nichts in dem Geschrey der Vögel; Thorheit ist es, wann Sterbliche von den Vögeln etwas

sich

sich versprechen. Kalchas sagte es niemals, nie ließ er das Kriegsheer dieß wissen: "ich sehe es, ihr Freunde, ihr opfert euer Leben für eine Wolle auf." Nichts von alle diesem. Sondern vergebens ward die Stadt geplündert. Sagst du, die Götter wollten nicht, daß er es sage. Was nützt es also, die Wahrsager Raths zu fragen? Wir wollen also den Göttern opfernd von ihnen das Gute begehren, und das Wahrsagen in Zukunft unterlassen, eine Erfindung, die für die Menschen eine betrügliche Lockspeise ist. Niemand ist bey Müßiggang dadurch reich geworden. Vernunft und Klugheit ist die beste Wahrsagerin.

Der Chor.

Ich denke von den Wahrsagern eben so wie dieser alte Mann: wenn die Götter günstig sind, der hat die beste Wahrsagerkunst zu Hause.

(Der Botte geht ab.)

Sechs-

Sechster Auftritt.

Menelaus. Helena.

Helena.

Dem sey nun so. Bisdahin stehen unsre Sachen gut. Allein wie du, unglücklicher, von Troja gerettet worden, dies zu wissen, kan zwar nicht viel nützen, doch haben Freunde ein Verlangen, die Unglücksfälle ihrer Freunde zu vernehmen.

Menelaus.

Du hast mich mit wenigem auf einmahl vieles gefraget. Was soll ich dir von den Zufällen auf dem Aegeischen Meere, von den verderblichen Feuern des Nauplius in Enboea, von Kreta, von Libyen, von den Städten, wo ich angelandet, von den Gegenden, wo Perseus kriegte, erzählen? Ich könnte dennoch deine Wissensbegierde nicht ganz befriedigen und die Erzählung meiner Unglücksfälle wurde nur meinen Schmerz erneuern. Ich bin müde vom leiden. Wir wurden nur zweymahl dadurch betrübet werden.

He-

Helena.

Schöner, als ich dich fragte, war deine Antwort. Mit Vorbeygehung des übrigen sage mir nur dieses. Wie lange Zeit hast du jammervoll auf dem hohen Meere herum geirret. Ein Jahr lang?

Menelaus.

Ueber die Zehen vor Troja, brachte ich daselbst sieben zirkelnde Jahre zu.

Helena.

Ach! Ach! das ist eine lange Zeit, mein unglücklicher Gemahl! Nun da du dort dein Leben davon brachtest findest du hier deinen Tod!

Menelaus.

Wie? Was sagst du? Wie hast du mich in Angst gesetzt?

Helena.

Fliehe, so schnell du kannst. Fliehe aus diesem Land weg: sonst bringt dich der Mann um, dessen dieser Pallast ist,

Menelaus.

Was habe ich gethan, das dieses Schicksal verdiente?

Helena.

Du kamest ganz unerwartet, und legtest meiner Hochzeit eine Hinderniß in den Weg.

Menelaus.

Will denn jemand meine Gemahlin heyrathen?

Helena.

Ja und mich mit Schmach überhäufen, wie ich ausstehen mußte.

Menelaus.

Ist es ein mächtiger Privatmann, oder der Herr dieses Landes?

Helena.

Der Beherrscher dieses Landes, der Sohn des Proteus.

Menelaus.

Nun das ist jenes Räthsel, das ich von der Aufwärterin inne ward.

Helena.

Bey welcher fremden Thüre stuhndest du?

Menelaus.

Bey dieser, wo man mich als einen Bettler abgewiesen.

Helena.

Hast du denn den Unterhalt gebettelt? O ich Unglückselige!

Me-

Menelaus.

Freylich war es nicht viel anders: Es geschah aber nicht unter diesem Namen.

Helena.

Du weissest also, wie es scheint, alles, was meine Hochzeit betrift.

Menelaus.

Ich weiß es. Allein ob du sie habest ausweichen können, dieß weiß ich nicht.

Helena.

Ich habe, wisse es, dein Ehebett unbefleckt bewahret.

Menelaus.

Allein was überzeugt mich hiervon? Es soll mir lieb seyn, wenn es wahr ist.

Helena.

Siehest du hier meinen schlechten Sitz hier bey dem Grabmahl?

Menelaus.

Ich sehe, Unglückliche, diesen Rasenbank: Allein was soll das zur Sache?

Helena.

Hier flehe ich, dieser Heyrath zu entgehen.

Me-

Menelaus.

Haſt du keinen Altar? oder iſt dieß die Sitte bey den Barbaren?

Helena.

Dieß ſchützt uns ſo gut als die Tempel der Götter.

Menelaus.

So werde ich alſo nach Hauſe ſchiffen dörfen?

Helena.

Das Schwerdt wird eher auf dich warten als mein Ehebett.

Menelaus.

So bin ich dann der Elendeſte unter den Sterblichen.

Helena.

So ſchäme dich nicht mir zu folgen. Fliehe aus dieſem Land weg!

Menelaus.

Soll ich dich verlaſſen? Ich, der Troja um deinetwillen verſtöret habe?

Helena.

Beſſer iſt es: als daß deine Verbindung mit mir dein Verderben ſey.

Me-

Menelaus.

Feig wäre das: nicht würdig der Thaten bey Jlium!

Helena.

Du wirst den Tyrannen nicht umbringen können, wie du vielleicht im Sinne hast.

Menelaus.

Ist dann sein Cörper unverwundbar dem Eisen?

Helena.

Das magst du erfahren; aber kein weiser Mann wird sich an etwas unmögliches wagen.

Menelaus.

Soll ich also stillschweigend mir die Hände binden lassen?.

Helena.

Du weissest dir nicht mehr zu rathen. Man sollte einen Kunstgriff brauchen.

Menelaus.

Welcher Tod ist süsser? wenn man etwas wagt oder wenn man nichts wagt?

Helena.

Es ist nur eine Hoffnung übrig, die uns allein noch retten kann.

Me-

Menelaus.

Durch Loskaufung? durch kühnes Unternehmen? durch Unterredung?

Helena.

Wenn der König nur nicht vernihmt, daß du hier bist.

Menelaus.

Wer wird mich verrathen? Zum wenigsten wird er nicht wissen wer ich bin.

Helena.

Er hat eine göttliche Gehülfin drinnen.

Menelaus.

Sitzt etwann die Göttin des Gerüchtes in dem Innersten seines Hauses?

Helena.

Nein; seine Schwester ist drinnen. Sie heißt Theonoe.

Menelaus.

Ihr Name verkündigt schon eine Person, die Orakel spricht. Allein sage mir, was thut sie.

Helena.

Sie weiß alles, sie wird ihrem Bruder sagen, daß du hier seyest.

Me-

Menelaus.

So bleibt uns nichts übrig als zu sterben. Es ist unmöglich, daß ich verborgen bleibe.

Helena.

Allein, wann wir sie durch fußfällige Bitten überreden könnten?

Menelaus.

Wozu? Was sollte ich daher zu hoffen haben?

Helena.

Daß sie es ihrem Bruder nicht sage, daß du hier im Lande seyest.

Menelaus.

Wann wir sie aber überreden, werden wir dann aus diesem Land wegkommen können?

Helena.

Mit ihrer Hülfe sehr leicht, aber heimlich nicht wohl.

Menelaus.

Das ist deine Sache. Frauen kommen mit Frauen besser überein.

Helena.

Glaubstu, ich werde ihre Knie nicht mit meinen Händen umfassen? Me-

Menelaus.

Allein, wenn sie uns nicht Gehör giebt!

Helena.

So wirst du sterben, ich elende ihn mit Gewalt heyrathen müssen.

Menelaus.

So bist du eine Verrätherin. Die Gewalt muß nur zum Vorwand dienen.

Helena.

Ich will einen heiligen Schwur bey deinem Haupt schwören.

Menelaus.

Worüber? Du wollest sterben; und niemals dein Ehebett verändern?

Helena.

Ja durch eben das Schwerdt: Neben dir will ich ligen.

Menelaus.

Auf dieß hin, berühre hier meine rechte Hand!

Helena.

Hier berühre ich sie: Bist du todt so will ich nicht länger leben.

Me-

Menelaus.

Und wann ich dich verliere, so soll mein Leben ein Ende haben.

Helena.

Wie wollen wir aber sterben, daß es auf eine glorreiche Art geschehe?

Menelaus.

Wann er dich auf dem Grabmahl getödet hat, soll er auch mich daselbst tödten. Allein vorher wollen wir für dich muthig streiten. Wer es wagen will, der komme nur näher! Ich will meinen Ruhm vor Troja nicht beschimpfen, und komme ich in Griechenland zurück, so soll man mir nicht vielfältig den Vorwurf machen; ich, der der Thetis ihren Achilles geraubet, der den Ajax, des Telamons Sohn, den Theseus ermordet sahe, ich habe mein Leben nicht für meine Gemahlin wagen dörfen; um so vielmehr. Die Götter sind weise: Sie werden also das Grab des tapfern, von seinen Feinden getödeten Mannes, mit leichter Erde bedecken; so wie auf des Feigen eine schwere Last hinwerfen. Mögte einmal, ihr Götter, mögte des Tantalus Geschlecht, von so viel Uebeln befreyt glücklichere Tage sehen!

He-

Helena.

O ich Unglückliche! ja diesen Namen giebt mir mein Schicksal. Menelaus, wir sind verloren. Die weissagende Theonoe kommt aus dem Pallast heraus. Er ertönt. Die Riegel gehen auf. Fliehe! Doch was hilft fliehen? Abwesend, gegenwärtig weiß sie, daß du hier angekommen. Unglücklicher Gemahl, wie dauerst du mich. Bey Troja verschonet, im Land der Barbaren verschonet, must du noch hier unter ihrem Schwerdt fallen!

Dritter Aufzug.

Erster Auftritt.

Theonoe, Helena, Menelaus.

Theonoe.

Du gehe voran und trage der Fackel glänzendes Licht vor mir her, verrichte den heiligen Gebrauch, bereite die Wohnungen des Aethers, damit ich nur reine Himmelsluft athme: Du aber laß die reinigende Flamme über den Weg hingehen, wann ihn etwann ein wandelnder mit unheiligem Fuße entweyht hat. Schwinge die feurige Fackel, damit ich meinen Weg fortsetze. Habet ihr so meine Schuldigkeit gegen die Götter erfüllet, so traget die geheiligte Flamme wieder in den Pallast zurück. —— Wolan Helena, wie steht es mit meinen Göttersprüchen? Siehe hier Menelaus, deinen Gemahl, der seiner Schiffe und der nachgebildeten Helena beraubt, hier angekommen. Wie viele Mühseligkeiten hast du, Unglücklicher, überstanden, und nun weißest du nicht, ob du in dein Vaterland zurück kehren oder hier bleiben werdest. Die Götter haben ungleiche Gesinnungen und sind heute deinethalben bey Jupiter versammelt. Juno, die vormals dir so feindselige Juno, ist dir jtzt günstig, sie will dich mit deiner Gemahlin hier in dein Vaterland zurück bringen, damit Griechenland wisse, daß das Geschenk der Venus, die Heyrath des Alexanders, falsch gewesen; allein die Venus widersetzt sich deiner Rückkehr; sie fürchtet man mögte ihr den scheinbaren Vorwurf machen, sie habe den Preis der Schönheit vermittelst der Helena und einer feilen Heyrath erkauft. Die ganze Sache stehet nun bey mir; ich kann dich nach dem Willen der Venus zu Grunde richten, wann ich meinem Bruder anzeige, daß du hier seyest; oder ich kann mich zur Juno partheyen und dir das Leben retten, wann ich deine Ankunft vor ihm verborgen halte. Ihm, der mir ausdrücklich befahl, es ihm zu sagen, wann du dieses Land betrettest. — Wer geht und sagt es meinem Bruder, daß dieser hier ist, so bin ich in dieser Sache ausser aller Gefahr!

Helena.

Demüthig falle ich zu deinen Füßen, o Jungfrau,

hier

hier bey diesem traurigen Sitze, und stehe dich an für mich, für ihn, den ich zuletzt käumerlich wieder bekommen habe, und jzt auf dem Sprung stehe vor meinen Augen sterben zu sehen. Sage es doch deinem Bruder nicht, daß mein Gemahl in meine liebenden Arme zurück gekommen. Ich beschwöre dich; errette ihn! Verläugne deine Gottesfurcht nicht; erkauffe seine Gunst nicht durch eine schlimme, ungerechte Handlung. Wisse, Gott hasset Gewaltthätigkeit. Er will, daß jeder seiner rechtmäßigen, nicht andern geraubter Güter genieße. Ueberfluß, der eine Frucht der Ungerechtigkeit ist, sollen wir verachten. Himmel und Erde ist den Sterblichen gemein, da mögen sie ihre Häuser in Aufnehmen bringen; fremdes Gut aber sollen sie nicht besitzen, nicht mit Gewalt wegnehmen. Auf des Gottes Befehl und zu meinem Unglück übergab mich Merkur deinem Vater, daß er mich meinem Gemahl aufbehielte: Dieser ist zugegen und fodert mich zurück. Muß er nun sterben, wie kann er mich zurück bekommen oder wie kann dein Vater mich jenem, wann er todt ist, lebend wieder zurück geben? Erwäge doch einmal, was die Ehrfurcht für die Gottheit und für

deinen Vater von dir fordern: ob Gott, ob dein todter
Vater es lieber sehen, daß man eine fremde Person zurück behalte, oder daß man sie wieder zurück gebe. Ich
denke das erstere. Solltest du also einem nichtswerthen
Bruder eher willfahren als einem rechtschaffenen Vater.
Eine von Gott begeisterte Erklärerinn des Willens der
Gottheit sollte die ihren Vater in einer gerechten Sache
verfällen und die Ungerechtigkeit eines Bruders begünstigen? Du weissest die Geheimnisse der Götter, alles
was ist und nicht ist, wäre es da nicht schändlich, wann
du nicht wüßtest was gerecht ist? Rette mich Unglückliche aus dem Elend, worinn du mich siehest, erleich-
tere dadurch einiger Massen mein trauriges Schicksal!
Kein Sterblicher ist, der nicht Helenen hasse; in
Griechenland sagt man, ich sey an meinem Gemahl
zur Verrätherinn geworden; ich habe in den golde-
nen Pallästen der Phrygier gewohnet. Komme ich
wieder in Griechenland, komme ich nach Sparta zurück, hören sie, sehen sie, daß der Göttinnen List sie
zu Grunde gerichtet, nicht ich an meinen Freunden zur
Verrätherin geworden, so werden sie mir den Nahmen

mei-

meiner Tugend wieder geben; so werde ich meiner Tochter einen Gemahl geben können, die bisher unverheyrathet geblieben, und ich werde von diesem traurigen Herumirren befreyet meiner Güter daheim in Ruhe geniessen. Hätte mein Gemahl ferne von hier auf dem Holzstoß das Ziel seiner Tage gefunden, so würde ich über seinen Tod häufige Thränen vergiessen; nun aber lebt er, ist glücklich davon gekommen und ich soll ihn doch verlieren! Thue es nicht, o Jungfrau, fußfällig bitte ich dich! Erzeige mir die Gnade, folge dem schönen Beyspiel deines gerechten Vaters. Dieß ist der schönste Ruhm für Kinder rechtschaffener Aeltern, wann sie ihnen an Tugend ähnlich sind.

Theonoe.

Deine Reden erwecken mein Mitleiden und du selbst verdienest es: Ich mögte aber gern auch hören, was Menelaus für sein Leben zu sagen habe.

Menelaus.

Nie werde ich mich zu deinen Füßen werfen, nie meine Augen mit Tränen benetzen. Erwarte dieß nicht von mir. Feigheit würde meine Thaten bey Troja äus-

sonst beschimpfen. Man sagt zwar; auch ein Held dörfe im Unglück Thränen vergießen. Lasset es ihm noch so schön anstehen, woran ich doch sehr zweifle, so werde ich es doch nicht wählen; sie soll mich nicht wehmüthig vor sich sehen. Findest du es für gut, einen Mann, der ein Fremder ist, zu retten, ihm seine Gemahlin, die er mit Recht zurück fodert, wieder zu geben, so thue es, gieb sie ihm und rette uns. Wo nicht, so war ich schon oft unglücklich, und ist dieß nicht das erste Mal: Dich aber wird jedermann für ungerecht halten. Was sich für mich schicket und mir billig dünkt, was dein Gemüth am meisten rühren sollte, das will ich hier bey dem Grabmahl deines Vaters sagen: „Dich, verehrenswürdiger „ alter Mann, der in diesem steinern Grabe ruhet, dich „ bitte ich, gieb mir meine Gemahlin wieder zurück, „ die Jupiter, mir sie aufzubehalten, dir übergeben hat: „ Du bist zwar todt, ich weiß es wohl, du kannst sie „ mir niemals wieder geben: Allein mein Schicksal ste- „ het itzt in der Hand deiner Tochter: und diese wird „ nicht den Ruhm ihres glorwürdigsten Vaters, fleht „ man ihn unter der Erde noch um eine gerechte Sache
„ an

„ an, durch Ungerechtigkeit beschimpfen wollen; und
„ dich, unterirrdischer Gott, dich flehe ich auch um dei-
„ nen Beystand an; so viel Todte, die unter meinem
„ Schwerdt fielen, sind zu dir um dieser willen herun-
„ ter gestiegen, dir eine reiche Belohnung. Nun schick
„ sie entweder wieder in das Leben zurück. oder bringe
„ Theonoe, die nach jedermanns Urtheil ihren frommen
„ Vater an Tugend noch übertrift, bringe sie dahin, daß
„ sie mir meine Gemahlin wieder zurück giebt.„ Werdet ihr mich aber meiner Gattin berauben, so höret noch
Sachen an, von denen Helena geschwiegen hat. Wisse,
o Jungfrau, daß wir bey den Göttern geschworen haben,
erst mit deinem Bruder darüber zu kämpfen. Kurz, Er
oder ich muß sterben. Will er sich mit mir in Zwey-
kampf einlassen, denkt er uns hier bey dem Grabmahl
durch Hunger zu besiegen, so habe ich beschlossen, meine
Gemahlin umzubringen, und dann die Spitze des Schwer-
tes in mein Herz zu stossen, hier auf diesem Grabmahl,
das Blut soll in das Grab herabrinnen. Dann werden
wir so neben einander todt auf diesem prächtigen Grabmahl liegen, dir zur ewigen Nachreue, deinem Vater zur

E 5   Schmach.

Schmach. Nie soll dein Bruder, auch kein andrer Sterblicher soll Helenen heyrathen: Ich führe sie weg, wo nicht in ihr Vaterland, doch gewiß mit zu den Todten. Doch was braucht es so viel! — Lasse ich mich zu Thränen erweichen, so verdiene ich wol Mitleiden, aber mein Muth nicht Bewunderung. Tödte mich nur, wann es dir gefällt: ich werde nicht unrühmlich sterben. — Doch laß dich von mir überreden: sey gerecht und ich erhalte meine Gemahlin wieder.

Der Chor.

Auf dich, Theone, kömmt jtzt die Entscheidung an: Urtheile so, daß du allgemeinen Beyfall erhaltest.

Theonoe.

Die Natur bildete mich zur Tugend und ihr will ich folgen. Ich liebe auch mich selbst und den Ruhm meines Vaters zu sehr, als daß ich denselben beflecken, meinem Bruder hierinn willfahren und mir dadurch einen schlimmen Namen zuziehen sollte; die Gerechtigkeit hat in meiner Brust einen Tempel. Dieß habe ich von Nereus angeerbt, und darum will ich auch den Menelaus zu retten suchen. Juno will dich begünstigen; und ich will ihr

bey-

beystimmen; nur müsse die Göttin der Grazien gnädig seyn! Ich habe mit ihr keine Vertraulichkeit und mein fester Vorsatz ist Jungfrau zu bleiben. Was du hier bey dem Grabmahl meinem Vater vorhieltest, das sind auch meine Gedanken. Ich würde ungerecht handeln, wenn ich nicht diese Zurückgabe beförderte; würde er noch leben, so hätte er dir gewiß deine Gemalin und ihr dich wieder gegeben. Denn die Götter lassen dergleichen nicht ungestraft weder in der Unterwelt noch hier auf Erde. Leben die Seelen der Verstorbenen schon nicht mehr das gleiche Leben, so belebt sie doch höheres Gefühl der Unsterblichkeit, wenn sie einmal in den ätherischen Gegenden schweben. — Damit ich aber nicht weitläuftig darüber rede, so verspreche ich euch das zu verschweigen, wofür ihr mich so ernstlich ersucht habet. Niemals werde ich an den thörigten Unternehmungen meines Bruders einigen Antheil nehmen; ja es wird noch Wohlthat für ihn seyn, glaubt er es gleich nicht, wann ich ihn von seinem lasterhaften Vorhaben abziehe, und seine Unschuld rette. — Ihr aber seyd darauf bedacht einen Ausweg zu finden. Ich will mich jtzt entfernen;

fernen; glaubet es nur; ich schweige. Allein macht dabey den Anfang von den Göttern. Flehet die Venus an, daß sie dich in das Vaterland zurückkehren lasse; und die Juno, daß sie bey den guten Gesinnungen bleibe, die sie für deine und deines Gemahls Wohlfahrt hat! Du aber mein verstorbener Vater, so viel an mir stehet, so soll keine Niederträchtigkeit den Ruhm deiner Frömmigkeit beflecken!

Der Chor.

Nie war ein Ungerechter glücklich; eine gerechte Sache aber läßt immer einen beglückten Ausgang hoffen.

Zweyter Auftritt.

Menelaus. Helena.

Helena.

Nun haben wir, mein Menelaus, in Absicht auf Theonoe nichts mehr zu befürchten. Allein itzt sollen wir durch gemeinschaftliche Berathschlagungen auf Mittel unsrer Rettung denken.

Me-

Menelaus.

Höre einmal. Du hieltest dich lange Zeit in diesem Hause auf, und hattest mit den Bedienten des
Königs gemeinschaftliche Tafel.

Helena.

In welcher Absicht sagst du das? Du lässest mich
hoffen, du werdest daraus einen Vortheil für uns zu
ziehen wissen.

Menelaus.

Du könntest vielleicht einen von denen, die über
die vierspännigen Wagen gesetzt sind, überreden, daß er
uns ein Fahrzeug gäbe?

Helena.

Ich könnte ihn vielleicht überreden. Allein wie wollen wir dann entfliehen? Alle Gegenden dieses Landes
der Barbaren sind uns unbekannt. Nein, dein Vor-
schlag läßt sich nicht ausführen.

Menelaus.

Sage, wie wäre es, wann ich mich in dem Pallast verbergen und den König mit diesem scharfen
Schwerdt umbringen würde!

Helena.

Theonoe wurde ihren Bruder nicht umbringen lassen, sie wurde es nicht verschweigen.

Menelaus.

Wir haben aber kein Schiff, darauf wir entfliehen könnten; das so wir hatten, ist ein Raub des Meeres.

Helena.

Höre; vielleicht kann die eine Weibsperson einen klugen Einschlag geben. Willst du todt heissen, obschon du nicht todt bist?

Menelaus.

Die Vorbedeutung ist nicht die beste. Doch bin ich willig todt zu heissen, ob ich es schon nicht bin, wenn wir etwas damit gewinnen.

Helena.

Ich will alsdenn durch Abschneiden meiner Haarlocken und durch mein Wehklagen den gottlosen König zum Mitleiden bewegen.

Menelaus.

Allein was soll dann dieses zu unsrer Rettung beytragen? He-

Helena.

Ein alter Gebrauch soll mir zum Vorwand dienen; ich will sagen, du seyest auf dem Meere gestorben, und dann den Beherrscher dieses Landes bitten, daß er mir erlaube, dich mit einem leeren Grabe zu ehren.

Menelaus.

Gesetzt aber, er willige darein; wie werden wir ohne ein Schiff wegkommen können, um meinen Leichnam in ein leeres Grab zu legen?

Helena.

Ich will mir ein Schiff geben lassen, auf dem ich auf das hohe Meer fahre, um dein Begräbniß zu veranstalten.

Menelaus.

Dies ist alles gut ausgedacht. Nur dieses einzige fällt mir bey, wenn er dich den Todten in der Erde begraben heißt, so hilft uns diese Erfindung nichts.

Helena.

Ich will dann sagen, es sey in Griechenland nicht üblich, die so in dem Meere umgekommen mit Erde zu bedecken. Me-

Menelaus.

Auch da weißst du dir wohl zu helfen. Ich will dann mit dir fahren und dir helfen, die Zurüstungen auf das Schiff bringen.

Helena.

Freylich mußt du dabey seyn, und alle deine Schiffsgefährten, die dem Schiffbruch entrunnen sind.

Menelaus.

So bald eines von den Schiffen, die vor Anker liegen, in meiner Gewalt ist, so bald soll auch Mann an Mann mit dem Schwerdt bewafnet da stehen.

Helena.

Dieß alles kömmt auf deine Einrichtung an. Mögen nur günstige Winde in den Segel blasen und den Lauf des Schiffes leiten!

Menelaus.

Es soll auch geschehen. Die Götter werden doch auch einmal meinen Mühseligkeiten ein Ende machen. — Doch von wem willst du sagen, daß du vernohmen habest, daß ich verstorben sey?

He-

Helena.

Von dir. Du mußt nur sagen, du seyest mit dem Sohn des Atreus geschiffet und dem Schicksal entrunnen, nachdem du ihn sterben gesehen.

Menelaus.

Diese zerrißne Lappen, die ich an meinem Leibe trage, können Zeugen des erlittenen Schiffbruchs seyn.

Helena.

Dieß kömmt dir jtzt wohl zu statten; so ungelegen es dir war als du deine Kleider einbüßtest. Jenes Unglück kann jtzt vielleicht unser Glück seyn.

Menelaus.

Soll ich mit dir in den Pallast hineingehen oder sollen wir hier bey dem Grabmahl ruhig sitzen.

Helena.

Bleib hier. Wollte er etwas ungerechtes gegen dich unternehmen, so wird dich das Grabmahl und dein Schwerdt schützen. Ich aber will meine Zöpfe ab schneiden, die weissen Kleider mit schwarzen verwechseln, mit blutigen Nägeln meine Wangen entstellen und so in den Pallast gehen. Es stehet mir ein wichtiger Kampf bevor und ich sehe nur zween Ausgänge. Entweder werden meine Kunstgriffe entdeckt und dann muß ich sterben, oder ich gelange in mein Vaterland wieder und rette deine geliebte Person. — Du aber, erhabene Juno, die mit Jupiter das Ehebette theilt, schaffe einmahl zweyen Mitleidswerthen Sterblichen Linderung in ihren Mühseligkeiten, wir flehen dich darum an und erheben unsre Hände zum sternenvollen Himmel, deinem glänzenden Sitze. — Du aber, Venus, Tochter Dionens, die durch meine Heyrath den Preis der Schönheit erhalten, suche nicht länger meinen Untergang; laß es an dem Jammer, in den du mich schon gestürzt hast, genung seyn; hast du gleich nicht meine Person, so hast du doch meinen Namen den Barbaren überlassen. Willst du mich tödten, so laß mich doch in meinem väterlichen Lande sterben! Warum bist du doch unersättlich an Uebeln? Warum sind nur Liebeshändel, Verführungen, listig ausgedachte Betrügereyen, rasende Leidenschaften, die die Häuser mit Blut anfüllen, immer dein Werk? Kenntest du nur einige Mäßigung, so wäre für die Menschen keine Göttinn liebenswürdiger als du. Der

Der Chor.

Dich rufe ich aus den belaubten Aesten, wo dein Lied erschallt, aus deinem Sitze hervor, dich musikalischer gesangreicher Vogel, weinende Nachtigl hervor, komme und begleite mit deinen kläglichen Seufzern meine Klagen; singe mit mir Helenens traurige Schicksale und die thränenwerthen Unglücksfälle der Trojaner, die die Waffen der Griechen über sie brachten, als sie in barbarischen Ruderschiffen über die Flächen des Meeres kamen, wovon Fluthen von Jammer auf die Piramiden stiessen, nachdem der ehebrecherische Paris von Venus geleitet, aus Lakedämon weg dich zur Gemahlin raubte.

Zwar haben auch viele Griechen durch die Lanzen und unter den geschleuderten Steinen einen erbärmlichen Tod gefunden. Manche verwittwete Griechinn schnitt ihr Haupthaar zur Trauer ab: und manches Haus ligt ohne Hoffnung hochzeitlicher Freuden darnieder. Viele Griechen hat auch ein Mann mit einem Fischerkahn, als er an dem meerumflossenen Euboea die flammende Fackel betrügerisch anzündete, umgebracht.

Da er ihre Schiffe am Gestade des Aegeischen Meeres an Copharcus Felsenwänden zerschmetterte bey dem Glanz des unglückschimmernden Gestirnes, das sie in furthlose Gegenden lockte: So rächte er jene verwünschte Schiffahrt der Barbaren, da Paris von stürmischen Winden verfolgt aus seinem Vaterland fahrend, ein Wolkenbild, nein, kein Wolkenbild, einen Zunder des Kriegs für die Danaer, auf seinen Schiffen führte der Juno heiliges Wolkenbild.

Ob es eine Gottheit, keine Gottheit gewesen, oder ein Mittelding, wer von den Sterlichen kann es sagen? wer ergründen? In weiter Entfernung wird der das Ende finden, wer der Götter wunderbare Verhängnisse ins Auge fassen will, sie, die bald da bald dort und in ganz widersprechenden, unerwarteten Ereignissen seinem Blick entgegen springen. Du einmahl, Helena, bist Jupiters Tochter; befiedert zeugte dich in Ledas Schoos dein Vater: und dennoch macht das Gerücht in Griechenland dich zur ungerechten, zur Verrätherinn, zur treulosen, zur Feindin der Götter: was wahr von dem sey, was Menschen sagen, weiß
ich

ich nicht; untrüglich fand ich immer den Ausspruch der Götter.

Rasende seyd ihr, die Ruhm im Kriege suchen, die mit der Spitze des gewaltigen Spiesses das Elend der Sterblichen, selber von Leiden frey, zu heben gedenken. So der blutige Kampf das Recht entscheiden würde, so fehlte es in den Städten der Menschen an Zwist niemals. Deinen Zwist, o Helena, können die durch ihre Aussage entscheiden, die in Priamus Land aus dem Schlafzimmer entwichen: Nun aber sanken die Männer in Plutos Herrschaft herab, und gleich Jupiters Flamme ergriff die Mauern der Brand und brachte dem durch mancherley Unglücksfälle geplagten Ilium Jammer auf Jammer.

Vier-

Vierter Aufzug.

Erster Auftritt.

Theoklymen.

Sey mir gegrüßt, Grabmahl meines Vaters, denn dich jedesmahl zu begrüssen, begrub ich dich, Proteus, hier bey dem Eingange. So oft, o Vater, dein Sohn Theoklymen heraus oder hineingehet in das Haus, redet er dich an. — Ihr Bediente, führet die Hunde weg, und traget die Netze in die königliche Wohnung hinein. — Wie manchmahl machte ich mir selbst nicht schon Vorwürfe, daß man die schlimmen Leute nicht am Leben strafet: So eben hörte ich, ein Grieche sey in unser Land gekommen, ohne daß die Wachen ihn bemerkten; gewiß ein Spion, oder einer, der Helenen heimlich entführen will: Sterben soll er, wenn man ihn nur ertappt. Wohlan! Doch, ich sehe, alles ist schon vorbey: Auf dem Sitze bey dem Grabmahl sitzet Tindarus Tochter nicht mehr: Ein Schiff brachte sie aus dem Land weg. Hola! Macht auf, löset die Pferde von

von der Krippe! Bringt die Wagen heraus! Nein! meine gewünschte Gemahlin soll mir nicht aus dem Lande weg gehn und mich um meine Mühe täuschen! Doch, wartet, ich sehe die, denen ich nachsetzen wollte: sie sind hier in dem Pallaste; sie sind nicht entflohen. —

Zweyter Auftritt.

Theoklymen. Helena.

Theoklymen.

Ha! warum verhüllen deinen Leib schwarze Kleider, die du mit weissen vertauschtest? Warum schnitt das Eisen das Haar von deinem schönen Haupte? Warum rollen Thränen auf Thränen über deine Wange herab? Pressen mächtliche Träume dir Seufzer aus, oder vernahmest du von Haus aus eine traurige Zeitung, darüber du dich härmest.

Helena.

Herr, denn so nenne ich dich jzt schon; ich bin unglücklich. Meine Hoffnungen ligen am Boden; es ist nichts mehr mit mir.

Theo-

Theoklymen.

Welcher Unfall stieß dir zu? Worinn bestehet dein Unglück.

Helena.

Menelaus, o wie kann ich es sagen! er starb mir.

Theoklymen.

Diese Nachricht macht mir keine Freude. — Und doch ist sie mein Glück: Doch woher weissest du es? sagte es dir Theonoe?

Helena.

Sie sagte es mir, und der, welcher dabey war, als Menelaus umkam.

Theoklymen.

Kam denn jemand, der sichere Nachricht hiervon hat?

Helena.

Ja; es kam jemand. — Mögte er nur kommen, so wie ich wünsche, daß er komme.

Theoklymen.

Wer ist er? wo ist er? ich muß es eigentlich wissen.

Helena.

Jener dort, der erschrocken bey jenem Grabmahl sitzt.

Theoklymen.

O Apollo: in welch schlechtem Aufzug! He-

Helena.

Wehe mir: mir ist, mein Gemahl mag auch kein schöner Aussehn haben.

Theoklymen.

Woher ist dieser Mann? Aus welcher Gegend kam er hier ans Land?

Helena.

Es ist ein Grieche; einer von denen, die mit meinem Gemahl auf dem Schiffe waren.

Theoklymen.

Welche Todesart erlitt nach seiner Aussage Menelaus?

Helena.

Die erbärmlichste; in den nassen Fluthen des Meeres.

Theoklymen.

Wo war er als er das Meer der Barbaren beschiffete?

Helena.

Er scheiterte an den furthlosen Klippen Lybiens.

Theoklymen.

Wie kommt es, daß dieser Gefährte seiner Schiffahrt nicht mit ihm umkam?

Helena.

Die schlimmen haben bisweilen mehr Glück als die Guten.

Theoklymen.

Wo ließ er die Trümmer des Schiffs als er hieher kam?

Helena.

Da, wo es besser gewesen, daß er, nicht aber Menelaus umgekommen.

Theoklymen.

So ist nun dieser todt. Auf welchem Schiffe kam aber jener hieher?

Helena.

Schiffer, wie er sagt, die ihm begegneten, nahmen ihn auf.

Theoklymen.

Wo ist aber das verderbliche Weib, das anstatt deiner nach Troja gesandt ward?

Helena.

Du meynest jenes Wolkenbild? es zerfloß in den Aether.

Theo-

Theoklymen.

O Priamus, o Troja! wie giengeſt du ohne Urſache zu Grunde!

Helena.

Auch mich traf das Unglück, das Troja betroffen.

Theoklymen.

Ließ er deinen Gemahl unbegraben, oder bedeckte er ihn mit Erde.

Helena.

Er ließ ihn unbegraben ligen. O in welches Elend brachten mich alle dieſe Unglücksfälle!

Theoklymen.

Iſt dieß die Urſache, warum du deine gelben Haarlocken abſchnitteſt.

Helena.

Jedermann iſt gleichwohl hier freundſchaftlich gegen mich geſinnet.

Theoklymen.

Iſt es alſo recht gethan, dieſen Unfall ſo ſehr zu beweinen?

Helena.

Würdeſt du es alſo leicht auf dich nehmen, wenn deine Schweſter ſtürbe. **Theo-**

Theoklymen.

Keineswegs. Allein willst du immer dich bey diesem Grabmahl aufhalten?

Helena.

Warum sind deine Reden gegen mich so beissend, und den Todten lässest du nicht einmahl in Ruhe?

Theoklymen.

Voll Treu bist du freylich gegen deinen Gemahl, aber vor mir fliehest du.

Helena.

Itzt doch nicht mehr. Du magst itzt wol von meiner Hochzeit reden.

Theoklymen.

Du kamest spath zu dem; doch es soll mir itzt auch noch lieb seyn.

Helena.

Weissest du, was ich von dir verlange? Wir wollen das Vergangene vergessen.

Theoklymen.

Allein mit was für Beding? Denn Gefälligkeit zieht Gegengefälligkeit nach sich.

He-

Helena.

Wir wollen ein Bündniß schliessen; und sey du versöhnt mit mir!

Theoklymen.

Ich lasse allen Unwillen gegen dich fahren, er zerstiebe in die Luft.

Helena.

Nun bitte ich hier fußfällig, bey deinen freundschaftlichen Gesinnungen. —

Theoklymen.

Was suchest du damit, daß du so eifrig mich fußfällig anflehst?

Helena.

Meinen verstorbenen Gemahl zu begraben wünsche ich.

Theoklymen.

Allein was ist ein Begräbniß für abwesende? Willst du seinen Schatten begraben?

Helena.

Es ist die Sitte bey den Griechen, den der auf dem Meere umgekommen. —

Theo-

Theoklymen.

Was thun sie? Die Pelopiden sind sehr verständig in solchen Dingen.

Helena.

Ihn in leeren Kleidern zu begraben.

Theoklymen.

Begeh' also die Trauergebräuche. — Richt ein Grabmahl auf wo du immer Lust hast!

Helena.

Die im Meere umgekommen sind, begraben wir nicht so.

Theoklymen.

Wie dann? Die Gebräuche der Griechen sind mir unbekannt.

Helena.

Alles was den Todten gebührt führen wir auf das Meer hinaus.

Theoklymen.

Was soll ich dir also für den Todten mitgeben?

Helena.

Ich weiß es nicht: Mein voriges Glück ließ mich in solchen Dingen unerfahren.

Drit=

Dritter Auftritt.

Menelaus, und die Vorigen.

Theoklymen.

O Frember, du brachtest für mich eine erwünschte Nachricht.

Menelaus.

Für mich aber nicht; und für den Todten nicht.

Theoklymen.

Wie begrabet ihr die Todten, die auf dem Meere umkamen?

Menelaus.

Ein jeder begräbt sie nach seinem Vermögen.

Theoklymen.

Dieser hier zu Gefallen, kannst du Aufwand fodern so viel du willst.

Menelaus.

Den Unterirrdischen vergießt man Blut zum Opfer.

Theoklymen.

Wasfür Blut? Sag mir es nur; du sollst mich in allem willfährig finden.

Me-

Menelaus.

Verordne du es selbst; was du giebst wird gut seyn.

Theoklymen.

Bey den Barbaren opfert man nach dem Gebrauch ein Pferd oder einen Stier.

Menelaus.

Willst du was geben, so laß deine Gabe deiner würdig seyn!

Theoklymen.

Daran haben wir bey unsern schönen Heerden keinen Mangel.

Menelaus.

Und ein gerüstetes Bette, zwar ohne einen Körper.

Theoklymen.

Auch dieß soll dabey seyn. Was erfodert der Gebrauch weiter herbey zu schaffen?

Menelaus.

Eiserne Waffen; denn er liebte sie.

Theoklymen.

Auch da werd' ich solche geben, die der Pelopiden würdig sind.

Me-

Menelaus.

Daneben auch schöne Gewächse, die die Erde hervorbringt.

Theoklymen.

Allein wie machet ihr es? wie lasset ihr dieselben herab ins schwellende Meer?

Menelaus.

Ein Schiff mit Ruderern bemannet muß bereit seyn.

Theoklymen.

In welcher Entfernung vom Lande muß das Schiff seyn?

Menelaus.

So weit, daß man von dem Gestabe die Wogen um das Schiff käumerlich erblickt.

Theoklymen.

Warum das? In welcher Absicht beobachtet Griechenland diesen Gebrauch?

Menelaus.

Damit die Woge die Söhnopfer nicht wieder auf das Land werfe.

Theoklymen.

Ein schnelles phönikisches Ruderschiff soll da seyn.

Menelaus.

Dies wird so recht und dem Menelaus gefällig seyn.

Theoklymen.

Allein ist es nicht genug, wenn du ohne ihre Gesellschaft die Gebräuche verrichtest.

Menelaus.

Dies ist immer so die Verrichtung der Mutter, der Ehgattin, oder der Kinder.

Theoklymen.

So soll sie die Mühe nehmen, ihren Ehgatten zu begraben?

Menelaus.

Die Zärtlichkeit und Pflicht fodert den Todten die schuldigen Gebräuche nicht zu versagen.

Theoklymen.

Sie mag also mitgehen. Ist es doch auch meine Sache, die Empfindungen der Zärtlichkeit bey meiner künftigen Gemahlin zu unterhalten. — Ich gehe itzt hinein, damit man den Schmuck für den Todten aus dem Pallast bringe und dich werd' ich auch nicht mit

lee=

leeren Händen von hier weggehen laſſen, wenn du dieſer hierinn alle Gefälligkeit erweiſeſt. — Für die erfreuliche Nachricht aber, die du mir brachteſt, ſollſt du anſtatt dieſer zerriſſenen Lappen, ein Kleid und Speiſe bekommen, damit du wieder in dein Vaterland zurükreiſen kannſt; denn ich ſehe dich da in einem erbärmlichen Zuſtand vor mir. — Du aber, unglückliche, härme dich nicht ab mit ganz vergeblichen Klagen. Menelaus hat nun ſein Lebensziel erreicht; dein Gemahl iſt todt und kömmt in das Leben nicht wieder.

Menelaus.

Was die Pflicht von dir fodert, junge Frau, iſt dieſes. Den Ehgatten, den du jzt haſt, ſollſt du zärtlich lieben, und den, der nicht mehr iſt, vergeſſen. Dieß iſt auch in gegenwärtigem Falle für dich das Beſte. Komme ich glücklich in Griechenland zurück, ſo will ich auch dem ehmaligen ſchlimmen Gerüchte von dir Einhalt thun, wann du dich nun wie eine rechtſchaffene Frau gegen deinen Ehgatten beträgſt.

Helena.

So werde ich auch handeln. Mein Ehgatte ſoll

niemals Ursache haben, sich über mich zu beklagen. Du aber, Unglücklicher, gehe in den Pallast, babe dich und verwechsle die Kleider. Unverzüglich sollst du die Wirkungen meiner Wohlthätigkeit erfahren. Leiste ich dir so, was du mit Recht von mir erwartest, so wirst du auch desto williger meinem theuresten Menelaus die gebührenden Gebräuche erstatten.

Der Chor.

Von Bergen herab eilte einst mit irrendem Fusse die göttliche Mutter hin durch die schattigten Wälder, hin, durch der Flüsse strömende Fluthen, hin durch des Oceans tiefrauschende Wogen, getrieben von Sehnsucht nach ihrer verlornen Tochter mit dem geheimnißbedeckten Namen. Hell ertönend wiederhallten die Klappern des Bacchus, als die Göttinn vor ihren Wagen die Löwen spannte, ihre aus den jungfräulichen rundgeschlungenen Chören weggeraubte Tochter aufzusuchen. Bey den Mädgen waren die schnellfüßigten Göttinnen zugegen, Diana mit den Pfeilen, und die mit dem Speer gorgonisch furchtbar bewaffnete Pallas. Der aber vom Himmelsitze herabsahe, lenkte es zu einem andern Ausgang.

Da

Da aber ihre Mutter den fernen Lauf und das
mühsame Herumschweifen, womit sie die Wege, die
ihre Tochter nahm, und den betrügerischen Raub aus:
spührte, beendigt, warf sie, sie war schon jenseits der
hohen Wohnungen der Jdäischen Nymphen gekommen,
der Trauer ganz sich überlassend hin sich in das Gras
auf den beschneyeten Felsen. Vergebens wurden nun
die Felder bepflüget, des grünen Schmucks beraubet
brachte die Erde keine Früchte hervor, ließ ganze Ge:
schlechtsfolgen sterben. Den Heerden versagte sie die
süsse Nahrung des dichten Laubs und üppiger Schosse:
allmählig entkräftet sanken davon viele todt dahin; so
daß man den Göttern keine Opfer mehr schlachtete,
und keine Gaaben brannten auf ihren Altären. — Auch
den bethauten Quellen ward nicht vergönnet ihre durch:
sichtigen Fluthen zu ergiessen.

Da Jupiter nun die Götter, und der Sterblichen
Geschlecht der Mahlzeiten beraubt sahe, dacht' er dar:
auf den furchtbaren Zorn der entrüsteten Mutter zu
besänftigen; "Gehet, sagte er, geht göttliche Grazien,
stillet die Trauer der erzörnten Ceres über das verlor:

ne Mädgen durch den Wohlklang der Musik. — Singt Hymnen in Chören ihr Musen! Lasset des Erzes schreckliche Stimme ertönen und rühret gespannte Trommeln! — Auf dem Antlitz der Göttin von Cyprus sahen damals die Unsterblichen das lieblichste Lächeln, als sie die tieftönende Flöte in die Hand nahm und an dem lieblichen Spiel sich ergötzte.

Unrecht war es, daß du in ihm (dem Pluto) die Flammen der Liebe anfachtest, allein dafür zogest du auch den Zorn deiner grossen Mutter dir zu, o Tochter; ruchlos, daß du die Götter mit Opfern nicht ehrtest. Dennoch ist groß die Macht der fleckigten Felle des Rehbocks, der mit Ephen gekrönten Gewächse um die heiligen Thyrsusstäbe, und der im Kraise herumgedrehten hochher gerührten Trommeln, des fliegenden Haares der Bacchanten und der der Göttinn durchwachten Nächte. — An Tagen mag Luna sie wol übertreffen. Dir aber bleibet der Vorzug der Schönheit.

(Zu Helena.)

Fünf

Fünfter Aufzug.

Erster Auftritt.

Helena. Und der Chor.

Helena.

Drinnen im Pallaſt gehet es gut mit unſern Sachen, meine Freundinnen. Die Tochter des Proteus begünſtiget unſre geheimen Unternehmungen. Da ihr Bruder ſie befragte von meinem Manne, der hier iſt; ſagte ſie ihm die Wahrheit nicht. Todt lige er in der Erde und ſehe des Tagslicht nicht mehr, ſagte ſie ihm aus Gefälligkeit für mich. Mein Mann brachte die ſchönſten Waffen in ſeine Gewalt. Denn eben die, ſo er in das Meer laſſen ſollte, die führt er jzt: ſeine ſtarke Hand ergriff den Schild; und ſeine Rechte bewaffnete er mit dem Spieß; und dies alles, damit er nebſt mir dem verſtorbenen die gebührende Ehre beweiſe. Alles vortreflich dazu abgeſehen, ſich auf das Beſte zu bewaffnen. — So ſoll dann ſeine Hand über unzählbar beſiegte Barbaren Trophäen errichten, haben wir

nur einmahl das Ruderschiff bestiegen. Die vom Schiff=
bruch verdorbenen Kleider hat er mit andern vertauscht
womit ich ihn schmückte ; Mit Abends aus dem Fluß
geschöpftem Wasser ließ ich ihn seinen Leib baden. — —
Doch stille : dort kommt jener, der sich einbildet, die
Hochzeit mit mir könne ihm nicht mehr aus den Hän=
den entwischen. — Von euch versprechen wir uns gute
Gesinnungen , und daß ihr den Mund halten werdet;
sind wir glücklich entgangen, so könnte es uns einst ge=
lingen , auch euch Rettung zu verschaffen.

Zweyter Auftritt.

Theoklymen. Und die Vorigen.

Theoklymen.

Kommet heraus, Bediente, in der Ordnung, wie
euch der Fremde befahl und bringet alles Geräthe zu
dem auf dem Meere zu verrichtenden Trauergebräuchen
heraus. — Du aber, Helena, wenn meine Vorstellun=
gen deinen Beyfall einiger Maßen erhalten können,
folge mir und bleib hier. Kannst du doch wann du da=
bey

bey bist gegen deinen Ehgatten nichts thun als was du auch abwesend ihm erstatten kannst. Denn ich bin für dich besorgt; ein plötzlicher Anfall von Zärtlichkeit mögte dich dahin bringen, daß du von Sehnsucht und Liebe zu deinem vorigen Gemahl überwältigt dich in die Meerfluthen stürztest. Denn sahest du ihn gleich nicht, so ist dein Trauer um ihn doch äusserst heftig.

Helena.

Nein, mein erlauchter Gemahl, es ist nothwendig dem ersten Ehbette und der ehlichen Verbindung alle Achtung zu bezeigen. Freylich ist meine Zärtlichkeit gegen meinen Gemahl so stark, daß ich auch mit ihm sterben wollte: Allein was wurde dem Todten jetzt davon zu gut kommen, wann ich auch mit ihm stürbe? Laß mich also selbst hingehen und dem Todten die Trauergebräuche erstatten. Dir aber geben die Götter, was ich dir wünsche, und diesem Fremden hier, der sich hierinn zugleich bemüht! Du sollst auch dafür, daß du dich gegen den Menelaus und mich so großmüthig bezeigest, an mir eine Gattin haben, wie du eine in deinem Pallaste zu sehen wünschest. Ein besonders Glück leite-

leitete die Sachen also. Gieb jtzt nur noch Befehl, daß man uns ein Schiff verschaffe, um alles dieses wegzubringen, damit du deine Gunstbezeugungen gegen mich vollständig macheſt.

Theoklymen.

Gehe du hin und verschaffe ihnen ein Sidonisches Schiff mit fünfzig Rudern und Ruderer dazu.

Helena.

Soll nicht der auf dem Schiff befehlen, der die Trauergebräuche besorgt?

Theoklymen.

Allerdings sollen meine Schiffer seinen Befehlen gehorchen.

Helena.

Befehl es ihnen nochmals, damit sie es deutlich von dir selbſt vernehmen.

Theoklymen.

Zum zweyten Mal, befiehl' ich es, ja zum dritten Mal, wenn es dir lieb iſt.

Helena.

Heil dir dafür! Heil auch mir für meine Entwürfe. Theo-

Theoklymen.

Härme deinen Leib nicht so sehr mit Thränen ab!

Helena.

Dieser Tag soll dir noch von meinem Dank zeugen.

Theoklymen.

Dort bey den Todten ist nichts als allein Mühe.

Helena.

Es ist etwas dort und etwas hier von dem was ich sage.

Theoklymen.

Du sollst an mir keinen schlimmern Gemahl haben als Menelaus war.

Helena.

An dir ist nichts auszusetzen. Nur der Ausgang der Sache macht mir Kummer.

Theoklymen.

Dabey kömmt alles nur auf dich an; wann du mir nur dein Wolwollen schenkest.

Helena.

Unsre Freunde zu lieben, das dörfen wir nicht erst itzt lernen.

Theo-

Theoklymen.

Verlangest du, daß ich nach das meine dabey thue und das Schiff begleite?

Helena.

Im Geringsten nicht: o König: beine Knechte erwarten von dir keine Knechtsdienste.

Theoklymen.

Nun denn, ich will mich also um die Gebräuche der Pelopiden nicht ferner bekümmern; ist doch mein Pallast unentweyhet; indem Menelaus seinen Geist nicht darinn aufgegeben. — Indessen gehe jemand hin und sage meinen Satrapen, daß sie allen hochzeitlichen Schmuck in den Pallast bringen; denn das ganze Land soll mit glückwünschenden Gesängen Helenens Verbindung mit mir feyern, die Hochzeit recht glänzend zu machen. — Du aber Fremder, wann du zu dem Schooß des Meeres hingegangen bist und ihrem vorigen Gemahl dies geleistet hast, so kehre wieder zurück nach Hause und bringe mir meine Gemahlin mit. Hast du denn bey mir dem hochzeitlichen Gastmahl beygewohnet

net, so magst du nach Haus reisen, oder hier bleiben und ein beglücktes Leben führen.

(Geht ab.)

Dritter Auftritt.

Menelaus.

O Jupiter, den man Vater, den man den weisesten der Götter nennt, siehe gnädig auf uns und befreye uns von diesen Uebeln! Eile uns zu Hülfe, da Betrübniß und immer neue Unglücksfälle uns mit sich fortreissen: Nur ein Wink von dir, so erreichen wir ungehindert jenes Glück, das Ziel unsrer Wünsche. Laß es an dem vielen Jammer, den wir bereits erduldet, genug seyn. Ich beschwöre euch, ihr Götter, lasset das Gerüchte nach so viel traurigem, auch wieder viel freudiges von mir sagen! mein Schicksal kann doch nicht seyn, immer unglücklich zu leben; einst wandelt doch mein Fuß richtig die Bahn. Nur noch eine Wohlthat, ihr Götter, so werdet ihr mich für immer beglücken.

Vierter Auftritt.

Der Chor.

Phönizisches Fahrzeug, schnelle Sidonische Barke, Mutter der wallenden Wogen, Freundinn der Schiffahrt du, die die Schaaren schwimmender Delphine, reizend zu tanzen anführet, wenn das Meer von leisen Lüftgen bewegt, spiegelglatt ruhet, und die blaufarbigte Tochter des Pontus, Galene,* den Schiffern zuruft; Ha; spannet sie aus die Segel und überlaßt sie den Winden vom Meer her; ergreifet die tännene Ruder, und bringet Helenen an das anfurtreiche Gestade der von Perseus erbaueten Stadt.†

Gewiß wirst du des Leukippus jungfräuliche Töchter an den Wogen des Flusses antreffen, oder vor dem Tempel Minervens, wann du späthe zu den Tänzen oder tief in der Nacht zu dem Feste des Hyacinthus anlangest: ihn tödete besiegt in dem Wettkampf mit einem Bruchstück des runden Discus Apollo an einem festlichen Tage im lakonischen Lande. Als einen Gott

hieß

* Die Meerstille.   † Myrerä.

Jupiters Sohn ihn nach dem Tode verehren. — Mögte die Mutter nur Sparta wieder sehen und ihr geliebtes Mädgen, der die Fackeln noch nicht zur Hochzeit geleuchtet.

O wären wir schnellfliegende Vögel Lybiens, die des Winters Stürme witternd von ferne entfliehen: dem ältesten Kranich an der Spitze folgen sie willig, dem Führer, dessen Stimme, wann er über die trocknen, fruchttragenden Felder der Erde hinflieget, weit ertönet. Gehet hin langhälsigte Flieger, ihr, die die Bahn der Wolken verfolget, mitten unter den Plejaden, nahe am nächtlichen Orion, gehet und laßt euch nieder an Eurotas Gestade und bringet die Nachricht, Dardanus Stadt habe Menelaus erobert und komme zurück in die Heimath.

Kommet endlich auch hoch durch die Luft auf dem Pferdewagen gefahren, ihr Söhne des Tindarus, ihr die unter den Stürmen hellschimmernder Gestirn: wohnet am Himmel, kommet ihr Retter Helenens herab auf die bläulichten Wogen, herab auf die stürmische Ströme, wo die Wogen schäumend fortrauschen, und

sen=

sendet den Schiffern vom Himmel günstig wehende Winde. Entfernet von eurer Schwester die Schmach, das Ehebette eines Fremden getheilt zu haben, die der Zwist der Göttinnen auf Idas Berge, der geplagten aufbürdete, ihr, die doch niemals zu den von Phöbus erbaueten Thürmen Iliums kam.

Fünfter Auftritt.

Theoklymen. Ein Bote.

Der Bote.

Das schlimmste, o König, was uns begegnen konnte ist uns zu Hause gekommen; welch neue Unfälle wirst du itzt so gleich von mir vernehmen!

Theoklymen.

Was giebt es denn?

Der Bote.

Du kannst nur um eine andere Gemahlin werben; Helena ist weg aus dem Lande.

Theoklymen.

Ward sie auf Flügeln in die Luft weggetragen, oder betrat ihr Fuß die Erde, als sie weg eilte?

Der Botte.

Menelaus hat sie aus dem Lande weggeführt; er, der selbst kam uns zu sagen, er sey gestorben.

Theoklymen.

Schrecklich ist, was du da sagst. Was für ein Schiff brachte sie aus diesem Lande weg? Deine Erzählung kömmt mir unglaublich vor.

Der Botte.

Eben das, welches du dem Fremden bewilligtest: die Schiffer behielt er bey sich und machete sich davon; hör itzt nur ganz kurz, wie alles hergieng.

Theoklymen.

Wie denn? ich bin begierig es zu wissen: niemals hätte ich wol vermuthen können, daß einer allein über so viele Schiffgefährten, als ich nebst dir mitschickte, den Meister spielen sollte.

Der Botte.

So bald man die Tochter Jupiters aus dem königlichen

lichen Pallaſt an das Meer gebracht hatte, und ihr zarter
Fuß den Boden betrat, fieng ſie an ihren Gatten mit liſti=
gen Thränen zu beweinen, ihn, der nicht geſtorben ſondern
nahe neben ihr war. Als wir zu dem Meerhafen kamen,
lieſſen wir ein neues Sidoniſches Schiff mit fünfzig
Bänken und Rudern in die See: da gab es Arbeit auf
Arbeit. Der eine richtete den Maſt auf, der andere
brachte die Ruder an die Stelle alle der Reihe nach:
zugleich ſpannte man die weiſſen Segel aus: und be=
feſtigte das Steuerruder an den Riemen.

Indem wir mit dieſer Arbeit beſchäftiget waren,
näherten griechiſche Männer, die dies alles beobach=
teten, ſich dem Geſtade: Reiſegefährten des Menelaus:
ihre Kleider hatten im Schiffbruch gelitten: ihr Aus=
ſehn war gut; aber ihr Aufzug ſah traurig aus. Als der
Sohn des Atreus ſie in der Nähe erblickte, ſprach er
mit geheuchelter Wehmuth zu ihnen: Unglückliche, wie
kamet ihr hieher, aus welchem zertrümmerten griechi=
ſchen Schiffe entrannet ihr? Wolltet ihr mit dem Sohn
des Atreus, der im Meer umkam, und dem die Toch=
ter des Tyndarus die letzten Ehrenbezeugungen erweiſt,

dieſe

diese Pflicht erstatten helfen? Voll Verstellung vergossen jene auf dieses hin Thränen, kamen dann in dieses Schiff und brachten dem Menelaus in das Meer zu versenken Opfergeschenke. Dies kam uns freylich verdächtig vor, wir sagten auch wol unter uns zu einander: das Schiff sey stark mit Leuten bemannet: doch schwiegen wir aus Achtung für deine Befehle: Eben das, daß du sagtest, man solle diesem Fremden gehorchen; ist die einzige Ursache von allem diesem Unheil.

Das übrige alles brachten wir ohne die geringste Mühe auf das Schiff. Nur der Stier wollte nicht seinen Fuß gerade auf die Planken des Schiffes setzen; sondern brüllte, rollte die Augen wild umher, krümmte den Rücken, drohete mit den Hörnern, und hielt dadurch uns alle ab, daß keiner ihn anrühren durfte; Gefährten, rief darauf Helenens Gemahl, ihr, die Troja zerstörten, wollet ihr nicht, wie Griechen es nicht frembe ist, voll jugendlicher Stärke mit den Schultern auf den Leib des Stieren losgehen und ihn in das Schiff werfen, damit mein Schwerdt denselben auf der Stelle zum Opfer für den Todten abschlachte? Auf seinen Ruf hin kommen sie reissen den Stieren fort und bringen ihn in das Schiff. Menelaus aber streichelte ihn an dem mit Blumenketten umwundenen Halse und an der Stirne, so daß er ihn zuletzt in das Schiff brachte.

Endlich da nun alles auf dem Schiff war, bestieg Helenens schöner Fuß die Leiter und sie setzte sich mitten auf den Ruderbänken, und Menelaus der nur in den Reden annoch todt war, neben ihr: die übrigen setzten sich zur Rechten die einen, die andern zur Linken gegen die Wand hart an einander; unter ihren Kleidern hatten sie Degen (Dolche) verborgen. Darnach erhoben sie ein lautes Geschrey, so viel wir verstehen konnten; einander zur Reise aufzumuntern. Da wir nicht gar weit vom Lande doch demselben nicht gar nahe mehr waren, fragte der so an dem Steuerruder saß: "Soll ich noch weiter fahren, o Fremder, oder ist es recht so? Denn zu steuren das Schiff stehet mir zu. Jener sagte: es ist genug für mich: Ergriff dann mit der Rechten den Degen, gieng auf das Vordertheil des Schiffes, stellte sich daselbst den Stieren abzuschlachten und indem er demselben die Kehle abschnitt, flehte er ohne eines Verstor-

storbnen Melbung zu thun, also: „Beherrscher des
„ Meeres Neptunus, und ihr keuschen Töchter des Ne-
„ reus rettet mich, rettet meine Gemahlin aus diesem
„ Lande unverletzt an Naupliens † Gestade." Ströme
von Blute ergossen sich in das Meer zur glücklichen Vorbedeutung für den Fremden. — Einer von uns sagte
hierauf; betrügerisch ist diese Schiffahrt: Lasset uns
nach Naxia zurück fahren. Ertheil du Befehle und wen-
de das Steuerruder um. — Atreus Sohn richtete sich
von dem Opferschlachten auf und rief seinen Gefährten zu:
Warum zögert ihr nach, Blüthe Griechenlands, meine
Freunde, diese Barbaren nieder zu machen, zu tödten
und sie aus dem Schiff in die Fluthen zu werfen? —
Von der andern Seite rief unser Befehlshaber deinen
Schiffern zu: Warum bemächtiget sich nicht einer
der äussersten Planke; warum zerbricht ein andrer nicht
Ruderbänke; warum zieht ein dritter nicht die Ruder
heraus und schlägt diesen treulosen Leuten das Haupt
wund! Auf dieses stuhnden alle auf und giengen auf
einander los, die unsrigen hatten Schiffstangen in Hän-
ben,

† Nach Argos.

ben, jene Degen. Man mordete, Blut floß in dem Schiffe. Vom Hindertheil desselben rief Helena herab: Wo ist der vor Troja erworbene Ruhm? Zeigt eure Tapferkeit itzt gegen diese Barbaren. Im hitzigen Gedränge fielen andre, andre richteten sich auf, andre sahe man todt da ligen. Menelaus brauchte nun die mit genommenen Waffen: Wo er sahe, daß seine Streiter sich nicht halten konnten, eilte er das Schwerdt in seiner Rechten herbey: wo er hinkam, stürzte er unsre Schiffleute in das Meer herab, und machte die Ruderbänke von deinen Schiffern leer. Denn trat der König zu dem Steuerruder hervor und sagte: Nun will ich mit dem Schiffe nach Griechenland steuren; die andern richteten den Mastbaum auf: und sogleich wehten günstige Winde und so giengen sie aus dieser Gegend weg. Ich aber ließ dem Tod zu entgehen, mich bey dem Anker in das Meer herab; da ich bereits in Gefahr war unterzusinken, streckte mir jemand ein Seil dar, zog mich heraus und brachte mich ans Land, dir diese Nachricht zu geben: gewiß ist Sterblichen nichts heilsamer als ein welses Mißtrauen.

Der

Der Chor.

Niemals hätt' ich, o König, geglaubt, daß Menelaus hier gegenwärtig seyn könnte, ohne daß du, oder wir es merkten, wie es jtzt doch wirklich geschahe.

Theoklymen.

Wie unglücklich bin ich, daß weibliche Kunstgriffe mich so sehr hintergehen konnten! Nun ist meine gehoffte Heyrath dahin. Könnte ich durch Nachsetzen das Schiff einholen, die Fremden müßten mir dafür büssen. Nun aber will ich mich an meiner Schwester dafür rächen, die an mir zur Verrätherinn ward; sie sahe den Menelaus im Pallaste und sagte es mir nicht: Sie soll mir keinen Mann mehr mit ihrem Wahrsagen hinter das Licht führen.

Der Chor.

Unser Beherrscher, wohin eilest du? Wen willst du tödten?

Theoklymen.

Wo das Recht mich hinruft: Gehet ihr mir nur aus dem Wege.

Der Chor.

Ich lasse dein Kleid nicht los; du eilest grosses Unrecht zu verüben.

Theoklymen.

Willst du deinem Beherrscher befehlen, du Sklave?

Der Chor.

Meine Gesinnungen sind gut.

Theoklymen.

Nicht die besten, meines Bedünkens, wenn du mich nicht gehen lassest.

Der Chor.

Wir lassen dich nicht gehen.

Theoklymen.

Um meine äusserst schlimme Schwester zu tödten?

Der Chor.

Sie die im höchsten Grade rechtschaffen ist.

Theoklymen.

Sie, die zur Verrätherin an mir ward!

Der Chor.

Die Verrätherey ist schön, wann man thut was recht ist!

Theoklymen.

Die meine Gemahlin einem andern gab.

Der Chor.

Dem, der ein gültigeres Recht auf sie hatte.

Theoklymen.

Wer kann ein Recht auf das haben was mein ist?

Der Chor.

Der, so sie von ihrem Vater zur Gemahlin bekam.

Theoklymen.

Allein das Glück gab sie mir.

Der Chor.

Das Schicksal aber entriß sie dir.

Theoklymen.

Du sollst in meinen Angelegenheiten nicht Richter seyn.

Der Chor.

Wenn aber das, was ich sage, besser ist.

Theoklymen.

So bin ich Sklave, nicht Herr.

Der Chor.

Ich nehme mich ihrer an, weil sie rechtschaffen handelte.

Theoklymen.

Du bist, deucht mir, lüstern nach dem Tode.

Der Chor.

Tödte mich nur. Allein deine Schwester sollst du mit unserm Willen nicht tödten; mich magst du wol tödten: Für edeldenkende Bedienten kann nichts ruhmwürdiger seyn als für ihre Herrschaft zu sterben.

Sechster Auftritt.

Castor und Pollux, die Vorigen.

Bändige deinen Zorn, der ungerecht dich hinreißt, Beherrscher dieses Landes, Theoklymen. Die Zwillingssöhne Jupiters, die Leda einst gebahr und Helenen, die aus deinem Haus entwich, rufen dir es zu. Du bist erzörnt wegen einer Heyrath, die dir das Schicksal niemals zugedacht hatte. Auch fügte dir die Tochter der Nereide, deine Schwester Theonoe, kein

Unrecht

Unrecht zu; sie, die die Götter ehrt, und die gerechten
Befehle ihres Vaters heilig beobachtet. Helenen war
freylich bis auf diese Zeit ein beständiger Aufenthalt
in deinem Pallaste bestimmt, nachdem aber Troja aus
dem Grunde zerstört ist und sie den Göttern ihren Na=
men dazu geliehen, so muß sie durch eine Heyrath mit
dir sich nicht länger aufhalten lassen, sondern nach Hause
kehren und bey ihrem vorigen Gemahle leben. Du aber
halte von deiner Schwester das tödtende Schwerdt zu=
rück und sey überzeugt, daß sie hierinn weißlich gehan=
delt habe. Wir hätten auch, nachdem uns Jupiter
zu Göttern erhoben, schon längst unsrer Schwester Hülfe
und Rettung verschaft, hätten wir nicht der höhern
Macht des Schicksals und der Götter die es also ha=
ben wollten, weichen müssen.

Dir sage ich dies. Meiner Schwester aber sage
ich. Fahre du nur mit deinem Gemahl fort; ihr sollet
günstigen Wind haben. Wir deine Zwillingsbrüder,
beyde heilbringende Gottheiten, reiten umher über das
Meer, und wollen dich in dein Vatterland bringen:
wenn du aber dem Ziele deiner Laufbahn zuleskest und

dein

dein Leben beschliessest, soll man dich als eine Göttinn verehren und die Menschen sollen dir so wie uns Söhnen Jupiters Opfer und Gaben bringen. So ist es Jupiters Wille. Da, wohin der Sohn der Maja, als er dich von Sparta wegnahm und anstatt deiner aus den Wohnungen des Olymps ein Wolkenbild stahl, dich zuerst heimlich verbarg, damit Paris Heyrath mit dir vereitelt würde, da ligt in die Länge eine Vormauer von Attica verbreitet, ich meine jene Insel; die soll in Zukunft Helena bey den Sterblichen heissen, weil sie dich aufnahm, da du von Hause weggekommen warbst.

Dem aber schon lange herumirrenden Menelaus haben die Götter einst in den Inseln der Seeligen zu wohnen bestimmt. Denn niemals hassen die Götter Männer von edelm Geiste; aber nichtsbedeutende Seelen treffen weit mehr Mühseligkeiten.

Theoklymen.

O Söhne der Leda und Jupiters: Den ehmaligen Zwist wegen eurer Schwester stelle ich gänzlich dahin; und meine eigne Schwester zu tödten, bin ich nicht mehr

125

gesinnet. Helena möge, wenn es so der Wille der Götter ist, nach Hause fahren: das wisset aber, daß da ihr mit ihr aus einem Blute stammet, Brüder seyd der besten, der reinsten ihres Geschlechtes. Seyd mir um der erhabnen Vortreflichkeit ihrer Denkensart willen gesegnet, die man bey wenigen Frauenspersonen nur antrift.

Der Chor.

Wunderbar verschieden ist der Schickungen Gang; anders als Sterbliche hoffen, lenken die Götter sie; was die Erwartung verspricht bleibt oft unerfüllt; dem was Unmöglichkeit scheint, findet den Ausgang Gott: So entwickelte sich die Begebenheit hier.